Annette Schröder

ADS in der Schule

Handreichungen
für Lehrerinnen und Lehrer

Unter Mitarbeit von Peter Altherr,
Suzette Everling und Erika Tittmann

Mit 10 Abbildungen und 3 Tabellen

Vandenhoeck & Ruprecht

Bibliografische Informationen der Deutschen Bibliothek

Die Deutsche Bibliothek verzeichnet diese Publikation
in der Deutschen Nationalbibliografie;
detaillierte bibliografische Daten sind im Internet
über ‹http://dnb.ddb.de› abrufbar.

ISBN 10: 3-525-49079-8
ISBN 13: 978-3-525-49079-2

Printed in Germany.
Schrift: Times
Satz: SchwabScantechnik, Göttingen
Druck und Bindung: ⊕ Hubert & Co, Göttingen

Gedruckt auf alterungsbeständigem Papier.

Inhalt

Zu diesem Buch

Eine wachsende Zahl von Lehrerinnen und Lehrern klagt darüber, dass sich zunehmend mehr und häufiger Kinder in ihren Klassen befinden, die große Schwierigkeiten haben, dem Unterricht aufmerksam zu folgen und sich auf die Aufgabe, die ihnen gegeben worden ist, zu konzentrieren. Stattdessen stören sie ihre Mitschüler in deren Arbeit, zum Beispiel dadurch, dass sie unruhig sind, oder indem sie ständig dazwischen reden und lärmen. Lehrerinnen und Lehrer kostet der Umgang mit solchem Verhalten viel Kraft und Nerven, mehr noch, sie sehen sich in der permanenten Auseinandersetzung, ihren Unterricht in der vorbereiteten Form überhaupt durchführen zu können, und sie haben nicht selten das Gefühl, bei diesen Kindern pädagogisch zu versagen.

Über die Kinder selbst hört man, sie seien verhaltensauffällig, hyperaktiv, unkonzentriert, aufmerksamkeitsgestört, aber auch, sie seien einfach schlecht erzogen und aggressiv. Klar ist, diese Kinder sind im Unterricht eine echte Herausforderung. Klar ist aber auch, dass sich Lehrerinnen und Lehrer bei dieser Arbeit oft allein gelassen fühlen und nach Unterstützung fragen. Sie wollen zum Beispiel wissen: Handelt es sich einfach um allgemein »schwierige« Schüler? Was bedeutet die Diagnose: Aufmerksamkeits- und/oder Hyperaktivitätsstörung? Was muss ich wissen, wenn ich ein Kind mit ADS (Aufmerksamkeitsdefizitsyndrom) in meiner Klasse habe? Wie soll ich dann meinen Unterricht aufbauen? Gibt es Ratschläge, was im schulischen Umgang mit diesen

Kindern hilfreich sein kann? Trotz der zahlreichen Informationen, die es zu ADS gibt, sind Ratgeber und wirksame Hilfen für den Schulalltag nach wie vor selten.

Dieses Buch möchte Ihnen als Lehrerinnen und Lehrer die gewünschten Hilfestellungen an die Hand geben und Sie bei der Suche nach praktizierbaren Unterrichtsprinzipien unterstützen. Hintergrund für diese Hilfestellung ist nicht zuletzt die Gewissheit, dass auch den Kindern selbst, wenn sie an Aufmerksamkeitsdefizit bzw. Hyperaktivitätsstörungen (ADHS) leiden, nur dann wirkungsvoll geholfen werden kann, wenn nicht nur die Eltern und die Kinder, sondern auch die Schule an diesen Hilfemaßnahmen mitbeteiligt ist. Dies setzt aber voraus, dass Sie – die Lehrerinnen und Lehrer dieser Kinder – wissen, um was es bei ADS geht, Sie auch eventuelle (psycho-)therapeutische Maßnahmen von Psychologen und Ärzten in Ihrer schulischen Arbeit unterstützen und gleichzeitig den Kindern im Unterricht und im Umgang mit Klassenkameraden helfen, mit ihren Problemen besser umzugehen. Keine leichte Aufgabe zwar, aber doch eine lohnende, weil vielleicht Ihre allmorgendlichen Befürchtungen und Erwartungen, wieder einmal einen »Horror-Schultag« vor sich zu haben, seltener werden, Sie nicht mehr nur frustriert oder gereizt nach Hause kommen und darüber hinaus unter Umständen alle Kinder, die Sie unterrichten – ob mit oder ohne ADS – von Ihren geänderten Unterrichtsstrategien profitieren.

Das Buch gliedert sich in insgesamt fünf Teile. Im *ersten Teil* werden die Symptomatik sowie Begleitsymptome des ADS geschildert. Dabei geht es zunächst um die Frage, was ADS überhaupt ist und ob es sich dabei möglicherweise um eine Modediagnose handelt.

Teil zwei behandelt die Schritte, die für eine gesicherte ADS-Diagnose notwendig sind. Weil, wie noch zu zeigen sein wird, Kinder mit ADS sehr unterschiedlich sein können, und weil es natürlich auch einfach nur lebhafte und auch unerzogene Kinder gibt, ist eine genaue und gründliche Diagnose so sehr wichtig. Sie hilft, betroffenen Kindern die richtige Behandlung zukommen zu lassen und verhindert unzulässige Etikettierungen. Zu wissen, *welche Fachleute* bei der Diagnosestellung helfen können und *wie* sie dies tun, ist für Sie als Lehrerinnen und Lehrer ein erster Schritt aus der Unsicherheit. Das ist aber nicht alles: Oft sind Sie selbst eine wichtige, ja notwendige Unterstützung bei der Diagnosestellung. Daher wird es in diesem Teil auch darum gehen, Sie in dieser bedeutsamen Rolle zu unterstützen.

Teil drei geht auf die Frage nach den Ursachen dieser Störung ein. In verständlichen Worten wird versucht, eine Einführung in derzeit diskutierte, zum Teil sehr komplexe Erklärungsmodelle zu geben. Dabei wird insbesondere herausgearbeitet, welche konkreten Auswirkungen auf Lernverhalten, Motivation und Konzentration aus diesen Theorien resultieren, um damit die Verhaltensauffälligkeiten und Leistungsprobleme der ADS-Kinder verständlich zu machen und die Basis zu schaffen für effektive Unterrichtsstrategien.

Im *vierten Teil* wird ausführlich auf die Situation in der Schule eingegangen. Dabei werden konkrete Hilfestellungen sowie Tipps für den Umgang mit von ADS betroffenen Kindern vorgestellt. Vor dem Hintergrund der aktuellen Erklärungsmodelle zu ADS wird aufgezeigt, warum bestimmte Lernschwierigkeiten auftreten und wie man ihnen begegnen kann.

Teil fünf schließlich geht auf die Frage ein, welche Behandlungsmöglichkeiten es für ADS gibt, welche – medikamentösen und/oder psychotherapeutischen – Maßnahmen helfen, ob und wann sie eingesetzt werden sollten und wie alle zusammen im günstigen Fall ein Geflecht bilden, in dem die unterschiedlichen Behandlungen und Hilfestellungen ineinander greifen. Auch hier ist wichtig, dass Sie als Lehrperson wissen, was es mit den verschiedenen Behandlungsangeboten auf sich hat, mit welchen Wirkungen und (Neben-) Wirkungen gerechnet werden muss. Denn Sie sind ein wichtiger Mittler in einem wünschenswerten Behandlungskonzept, das die Behandlung des einzelnen Kindes mit schulischen Maßnahmen und Beratungsangeboten an die Eltern verbindet.

Noch ein Wort zur Benennung aufmerksamkeitsgestörter und/oder hyperaktiver Kinder. In diesem Buch ist häufig die Rede von »ADS-Kindern«. Dies geschieht einzig zum Zweck der besseren Lesbarkeit des Textes. Keinesfalls soll damit ausgedrückt

werden, dass diese Kinder auf ihre Symptome oder ihre Störung
reduzierbar seien. Im Gegenteil: ihre vielen, höchst unterschiedlichen Stärken und Schwächen werden Ihnen hoffentlich spätes-
tens am Ende dieses Buches vertraut und – mit zunehmender
Sicherheit im Umgang mit ihnen – manchmal sogar liebenswert
erscheinen. Im pädagogischen Alltag die Individualität jedes Schü-
lers erkennen und fördern zu können, ist letztlich der Wunsch
dieses Buches.

1 Symptome und Begleitprobleme

Das Aufmerksamkeitsdefizitsyndrom, kurz ADS, ist durch eine ausgesprochen komplexe Symptomatik gekennzeichnet. Da die Ursache – wie man mittlerweile weiß – in einem Zusammenspiel genetischer und psychosozialer Faktoren zu sehen ist, können betroffene Kinder in ihrem Erscheinungsbild individuell sehr unterschiedlich sein (zu den Ursachen siehe ausführlich Kapitel 3).

Hinzu kommt, dass nicht nur jedes ADS-Kind – wie alle anderen auch – anders ist, sondern zudem auch ihre Aufmerksamkeits- und Lernprobleme wie auch ihr auffälliges und störendes Verhalten durchaus nicht immer zu beobachten sind.

Damit sind viele Missverständnisse zwischen Ihnen als Lehrkraft und den Eltern vorprogrammiert, stellen doch das schulische und das familiäre Umfeld jeweils ganz eigene Anforderungen an ein ADS-Kind. So kann es sein, dass ein Kind, das in einem sehr strukturierten Elternhaus mit klaren und berechenbaren Regeln aufwächst, zu Hause deutlich weniger auffällige Symptome zeigt als in der Schule, wo es sich in der großen Gruppe nur schlecht orientieren kann. Häufig berichten Eltern auch, dass ihr Kind zwar schon immer etwas lebhafter als andere war, die eigentlichen Probleme hätten dann aber erst nach der Einschulung begonnen. Da es in der Schule nicht zuletzt auch darum geht, sich in einen Klassenverband einzuordnen und die Kinder sowohl zeitlich als auch räumlich viel stärkeren Reglementierungen unterworfen sind, ist diese Einschätzung oft auch gar nicht unbegründet. Wichtig ist daher, nicht vorschnell Schuldzuweisungen

vorzunehmen, weder von Lehrerseite: »Diese Eltern lassen ihrem
Kind viel zu viel durchgehen, haben es schlecht erzogen«, noch
von Elternseite: »Der Lehrer hat einfach kein pädagogisches Ge-
schick, der will nur Ruhe in seiner Klasse haben, statt auf die Kinder einzugehen.«

Im folgenden Abschnitt wird es deshalb darum gehen, die verschiedenen Erscheinungsformen von ADS genauer zu erläutern.
Gerade weil es im Interesse aller Beteiligten sein muss, etwa ein
lebhaftes Kind nicht gleich als »hyperaktiv« zu bezeichnen, andererseits aber auch allen Schülerinnen und Schülern die möglicherweise nötige Hilfe zuteil werden zu lassen, ist ein Wissen
über die sehr unterschiedlichen Erscheinungsformen von ADS
hilfreich, um diese Störung von anderen Auffälligkeiten abgren-
zen zu können.

1.1 ADS – was ist das eigentlich?

Die Buchstaben ADS stehen für **A**ufmerksamkeits-**D**efizit-**S**yn-
drom und bezeichnen einen medizinischen Störungsbegriff. Der
Name verweist schon auf die Hauptsymptome, nämlich dass es
sich um eine Störung der Aufmerksamkeit mit überschießender
Impulsivität und oft (aber nicht in *allen* Fällen!) extremer motorischer Unruhe handelt. Neben der Bezeichnung ADS gibt es bereits seit Mitte des letzten Jahrhunderts verschiedene andere Bezeichnungen für dieses Störungsbild, die heute teilweise überholt
oder ungebräuchlich sind:
- So war etwa früher »minimale zerebrale Dysfunktion« (MCD)
  die häufigste Bezeichnung. Sie verweist auf die lange Jahre
  vermutete Ursache einer minimalen Hirnfunktionsstörung,
  die die Störung allerdings fälschlicherweise als hirnorganisch
  einordnet.
- In Deutschland findet sich – parallel zur Bezeichnung ADS
  – häufig die Bezeichnung »Hyperkinetisches Syndrom« (von
  »hyper« = über und »Kinesis« = Bewegung) oder auch »Hyperkinetische Störung«. Manchmal wird auch ganz allgemein

von Hyperaktivität gesprochen. Diese Bezeichnungen engen allerdings die vielschichtigen Probleme und Auffälligkeiten bei ADS zu sehr auf *eine* dominierende Symptomatik, die überschießende Motorik, ein.

• Und schließlich wird die Bezeichnung »Aufmerksamkeitsstörung mit/ohne Hyperaktivität (ADHD±)« verwendet, was sich aus dem englischen Begriff **A**ttention **D**eficit **H**yperactivity **D**isorder (deutsch: Aufmerksamkeitsdefizit-Hyperaktivitätsstörung – ADHS) ableitet. Mit ADHD (bzw. ADHS) und ADS sind die derzeit gültigen Bezeichnungen benannt, die auch in den USA und bei der Weltgesundheitsorganisation (WHO) gebräuchlich sind.

• Ist ADS nun eine Modekrankheit oder Modediagnose? Sicherlich nicht. Denn das hieße ja, dass das Beschwerdebild eigentlich gar nicht existiert, es sich vielmehr um so genannte schlecht erzogene Kinder handelt, möglicherweise auch um solche, die angesichts allgegenwärtiger Hektik und multivisueller Darbietungen von TV, Video und Computerspielen gar nicht anders können als herumzuzappeln. Gegen diese Vorstellung spricht allein schon die Tatsache, dass Fallbeispiele von ADS-Betroffenen bereits Anfang des 20. Jahrhunderts geschildert wurden – wie etwa der »Zappelphilipp« des Autors und Nervenarztes Dr. Hoffmann bereits 1844. Dagegen belegt auch die wechselnde Namensgebung während der letzten 50 Jahre, dass es sich um ein Beschwerdebild handelt, das nicht erst in unserer heutigen Zeit entstanden ist.

Noch ein weitere Beobachtung spricht gegen die Annahme einer Modediagnose: Die Störung ist auch in anderen Kulturen sehr unterschiedlicher Länder zu finden, was auch ein Hinweis darauf ist, dass mangelnde Erziehung oder der hektische Zeitgeist ursächlich sind.

Aus wissenschaftlichen Untersuchungen sind verschiedene Angaben zur Erkrankungshäufigkeit bekannt (vgl. Tab. 1).

Tabelle 1: ADS-Prävalenzraten in verschiedener Länder (Angaben in Prozent)

USA (Kashani et al. 1978)	2,0
Kanada (Offord et al. 1987)	4,3
USA (Velez et al. 1989)	4,3
USA (Trites u. Laprade 1983)	5,7
China (Shen et al. 1985)	5,8
Neuseeland (Anderson et al. 1987)	6,7
Puerto Rico (Bird et al. 1988)	9,5
Uganda (Cohen u. Minde 1983)	21

Weder sollte daher bei sozialen Auffälligkeiten und bei Lernschwierigkeiten allzu schnell die Diagnose ADS gestellt, noch
sollte die Existenz eines schon sehr lange sowie umfangreich und
detailliert beschriebenen Syndroms schlichtweg bestritten werden. Eine derartig differenzierte Haltung ist es auch, die Ihnen
am besten hilft, den Kindern in Ihrer Klasse gerecht zu werden.
Denn die Leitsymptome – Unaufmerksamkeit, Impulsivität und
Hyperaktivität oder auch Verträumtheit – können auch bei »normalen« Kindern und Jugendlichen, je nach Entwicklungsstand,
immer wieder und in unterschiedlichem Maße auftreten.

Damit ist auch schon eine wichtige Aussage getroffen, die erklären hilft, a) warum Kritiker ADS für eine Modediagnose halten
(weil die Kernsymptome eben auch »normale« Kinder, nur nicht
in dem Ausmaß, haben) und b) warum eine sorgfältige Diagnostik bei ADS so wichtig ist (um eine Fehldiagnose möglichst auszuschließen, siehe auch Kapitel 2).

Knapp zusammengefasst

- ADS steht für Aufmerksamkeits-Defizit-Syndrom.
- Fallbeschreibungen von ADS-Kindern kennt man schon seit
  Beginn des letzten Jahrhunderts; außerdem findet man Kin-
  der mit diesen Symptomen in Ländern mit verschiedenen
  kulturellen Hintergründen, weshalb es falsch ist, ADS als
  Modediagnose zu bezeichnen.

- ADS ist ein sehr komplexes Störungsbild mit vielen Erscheinungsformen. Daher ist eine genaue Kenntnis der Symptome, wie sie in der Schule auftreten, für eine gründliche Diagnosestellung sehr wichtig.

1.2 Wie zeigt sich ADS in der Schule?

Die Kernsymptome von ADS – Aufmerksamkeitsstörung, Impulsivität und (manchmal) Unruhe / Hyperaktivität – werden im Folgenden aus dem Blickwinkel einer Lehrerin geschildert.

Bericht einer Lehrerin

Das Verhalten von Tobias (3. Klasse) ist äußerst auffällig. Fast in jeder Stunde lassen sich folgende Verhaltensweisen bei ihm beobachten:
- er kichert minutenlang albern vor sich in,
- schneidet Grimassen zu den Mitschülern,
- dreht sich ständig nach hinten um (sitzt in der ersten Reihe),
- macht Zeichen durch die Klasse,
- schwatzt.

Tobias ist anscheinend nicht in der Lage, eine Aufgabe für sich allein zu erledigen, er braucht ständig «Publikum« oder einen Ansprechpartner. Er spielt die Rolle des Klassenkaspers. Ständig versucht er die Aufmerksamkeit der Mitschüler und der Lehrer auf sich zu ziehen (z. B. gießt er, wie von einem Kollegen beobachtet, die Blumen auf der Fensterbank nicht mit der Gießkanne, sondern nimmt einen Mund voll Wasser aus dem Wasserhahn und spritzt dann das Wasser aus dem Mund auf die Blumen und auch auf Mitschüler – was wieder zu einem Geschrei und Hallo der Betroffenen führt).

Strafen beeindrucken ihn nicht im Geringsten. Er macht keinen betroffenen Eindruck und sieht sein Fehlverhalten anscheinend nicht ein. Oft tut er unschuldig (»aber ich habe ja bloß …«).

Bei einem Lerngang zeigte er, dass er sich an keine Regel halten kann. Auf dem Fahrradweg verhielt es sich verkehrsgefährdend, indem er vor schnell vorbei fahrenden Radfahrern hertänzelte und diese zum Ausweichen zwang. Dass dies gefährlich sein könnte, war ihm wohl überhaupt nicht bewusst. Bei dem Ausflug, an dem er nicht teilnehmen durfte, bestätigte sich dies. Nachdem er und seine Klassenkameraden mit ihrer Arbeit in der Schule fertig waren, fuhren sie uns mit den Rädern hinterher. Trotz mehrfacher – auch massiver – Ermahnung meinerseits fuhren sie in die Schülergruppe hinein und belästigten die anderen mit dichtem Auffahren. Nach mehreren Aufforderungen fuhren Tobias und die beiden anderen dann außerhalb der Gruppe, jedoch mit knappest möglichem Sicherheitsabstand, kichernd, lächelnd und mit dem Argument, sie seien hier ganz privat und ich könne ihnen keinen Eintrag geben.

Tobias mischt sich auch gern in Dinge ein, die ihn gar nichts angehen. In dieser Woche etwa hatten zwei Mitschüler Streit, worauf Tobias sich einmischte und dem einen ein Bein stellte, obwohl er mit der ganzen Sache nichts zu tun hatte. Hinterher war er an der Sache »ganz unschuldig«.

Seine Beiträge im Unterricht sind oft weitschweifig und gehören oft nicht zum Thema. Es kann auch sein, dass er sich meldet und auf eine Frage eine Antwort gibt, die vor 10 Minuten gestellt wurde und schon längst nicht mehr aktuell ist.

Insgesamt habe ich (und ich spreche hier auch für meine Kollegen) den Eindruck, dass Tobias von uns nicht erreichbar ist und keine unserer Maßnahmen bei ihm ankommen.

Folgende Kernsymptome lassen sich im Unterricht erkennen.

Probleme der Aufmerksamkeit:
Das Kind mit ADS ist leicht ablenkbar, kann sich nur schwer auf eine Aufgabe konzentrieren, hört Anweisungen nur halb, hat Schwierigkeiten, aufmerksam zu bleiben, führt vieles nicht zu Ende, hört oft nicht zu, verliert Dinge.

Die Lehrerin von Tobias berichtet, dass er nicht in der Lage ist, eine Aufgabe für sich allein zu erledigen, auch, dass er ihre mehrfachen Ermahnungen nicht hört und seine Beiträge im Unterricht oft sehr weitschweifig sind und er Antworten auf eine Frage gibt, die vor 10 Minuten gestellt wurde.

Unruhe / Hyperaktivität:
Das Kind mit ADS macht fortlaufend ungezielte Bewegungen und stört seine Umgebung durch Zappeligkeit, hat Probleme, still zu sitzen, zu warten und sich zu melden, spricht ununterbrochen oder macht Geräusche. Es bewegt sich generell zu schnell, zu viel und mit zuviel Kraft.

Von Tobias berichtet die Lehrerin, dass er sich ständig nach hinten umdreht, schwatzt, immer Publikum braucht, die Rolle des Klassenkaspers spielt, zu schnell und riskant mit dem Fahrrad fährt.

Impulsivität:
Das Kind mit ADS unterbricht andere, spricht oder schreit dazwischen, wartet nicht, bis es an der Reihe ist, handelt, bevor es die Anweisung genau gehört und verstanden hat, kann Bedürfnisse nicht aufschieben, folgt dem ersten Impuls zu handeln, ohne zu überlegen, äußert sich oft unabsichtlich aggressiv und beleidigend, ohne nachzudenken.

Tobias etwa kann sich an keine Regel halten. Die Lehrerin berichtet auch, dass er sich verkehrsgefährdend verhält, was ihm selbst anscheinend gar nicht bewusst ist.

Vielleicht werden Sie jetzt einwenden, dass manche dieser Beschreibungen auf eine Reihe Ihrer Schülerinnen und Schüler zutreffen, und Tobias nur besonders unzugänglich für Ermahnungen sei. Vielleicht sagen Sie auch, Tobias sei doch gerade ein Beispiel dafür, dass es sich um ein unerzogenes Kind handelt. In der Tat haben Sie gar nicht so unrecht, denn *erstens* zeigt Tobias *zusätzlich* zu den ADS-Kernsymptomen auch andere Auffälligkeiten, die häufig mit ADS zusammen beobachtet werden. Zum Beispiel kichert er minutenlang albern vor sich hin (was ein Hinweis auf eine *emotionale Reifeverzögerung* sein könnte) und mischt sich gern in Dinge ein, die ihn nichts angehen – was Zeichen seines sensiblen *Gerechtigkeitssinns* sein kann, eine der eigentlich *positiven Eigenschaften*, die oft bei ADS-Kindern zu beobachten sind, die aber leider auch in Streit und Aggression münden können.

Als Klassenkasper kann er *zweitens* sicher sein, die volle Aufmerksamkeit von Klassenkameraden und Lehrkräften zu bekommen, was ihn bestärkt weiterzumachen. Was da passiert, lässt sich auch als *positive Verstärkung* beschreiben: Eine Methode, die in der Erziehung – wenn sie falsch angewendet wird – zu einer Erhöhung der Häufigkeit des berichteten (unerwünschten) Verhaltens führen kann, die aber im Rahmen von Interventionen in der Klasse auch zur Reduzierung unerwünschten Verhaltens eingesetzt werden kann (siehe Abschnitt 4.5: Techniken der Verhaltensmodifikation).

Dieses Beispiel macht aber insbesondere deutlich, dass die geschilderten Symptome nur ein allererstes Indiz dafür sein können, dass ein Kind Ihrer Klasse möglicherweise unter ADS leidet. Ein sicheres Zeichen kann dies allein aber nie sein. Dazu bedarf es einer eingehenden diagnostischen Untersuchung durch ausgewiesene Fachleute (siehe auch Kapitel 2: Die Diagnose einer Aufmerksamkeitsdefizitstörung).

Als Lehrerin oder Lehrer sollten Sie also nicht selbst diese schwierige Diagnose stellen. Dennoch sind Sie bei der Diagnosefindung eine wichtige Auskunftsperson und nicht selten auch ein Korrektiv, weil Ihre Beobachtungen nicht notwendigerweise mit denen anderer (z. B. der Eltern) übereinstimmen müssen, und Probleme mit der Aufmerksamkeit, aber auch mit impulsivem Verhalten und Hyperaktivität in einer Lernsituation, wie sie die Schule darstellt, dort schneller auffallen als zum Beispiel zu Hause beim Spielen. Denn im Gegensatz zum häufig unstrukturierten Umfeld zu Hause zeigen sich die Kompetenzen und Einschränkungen von ADS-Kindern im Bereich Ablenkbarkeit und Aufmerksamkeit oft erst im Unterricht. Das gilt in besonderem Maße für ADS-Kinder, die keine Hyperaktivität zeigen, also »nur« unaufmerksam und leicht ablenkbar sind. Dagegen wird das Symptom Hyperaktivität oft schon zu Hause wahrgenommen und auch bereits in vorschulischen Betreuungen zum Problem, weil die damit verbundene Unruhe in der Klasse auch andere stört.

> Die Diagnose ADS können nur erfahrene Fachleute wie Kinder- und Jugendpsychiater, (Schul-) Psychologen, Kinderärzte oder Kinder- und Jugendlichenpsychotherapeuten stellen. Dazu ist aber die Hilfe durch Sie als Lehrerin oder Lehrer des Kindes (z. B. durch genaue Schilderung der Leistungs- und Verhaltensprobleme in der Schule) außerordentlich wichtig, weil nur Sie zu diesen Informationen Zugang haben. Mehr zur Diagnosestellung erfahren Sie in Kapitel 2.

Die *Kernsymptome* von ADS sind:
- Unaufmerksamkeit und Konzentrationsschwierigkeiten,
- impulsives Verhalten (erst handeln, dann denken),
- überschießende motorische Aktivität.

Diese Symptome müssen nicht unbedingt dauernd und auch nicht alle gleichzeitig auftreten!

Außerdem sind *zusätzlich* oft weitere Störungen zu beobachten:
- Entwicklungsstörungen, insbesondere Wahrnehmungsstörungen,
- Teilleistungsstörungen (wie Rechtschreib- oder Rechenschwäche) sowie
- emotionale und soziale Probleme.

Und es kann in Folge dieser vielen Probleme im Erleben und Verhalten wie auch in Lern- und Leistungssituationen zu *Sekundärstörungen* kommen wie:
- Selbstwertprobleme und Depressionen,
- soziale und Kommunikationsprobleme durch eine Außenseiterrolle des Kindes in der Klasse.

Wenn Sie sich noch genauer in die ADS-Symptomatik einarbeiten wollen, finden Sie auf unserer CD-Rom verschiedene Filmausschnitte, die die Besonderheiten dieser Kinder gut veranschaulichen (Altherr et al. 2006).

1.3 Wie viele Kinder haben ADS?

Untersuchungen über die *Häufigkeit* von Aufmerksamkeits-Hyperaktivitätsstörungen berichten zumeist, dass zwischen drei und zehn Prozent aller Kinder einer Altersstufe davon betroffen sind (Lehmkuhl et al. 1998). Die in der Fachliteratur genannten Häufigkeitsangaben unterscheiden sich allerdings zum Teil deutlich, wie Sie bereits aus dem zweiten Abschnitt wissen (Tab. 1). Diese

Unterschiede bei den Angaben haben damit zu tun, wie man die Ergebnisse ermittelt hat. Zum einen kommt es darauf an, nach welchen Symptomen gefragt wird und wie genau man sie beschreibt, und auch, ob man nur die *Kernsymptome* (Aufmerksamkeitsstörung, Impulsivität und Hyperaktivität) oder auch Begleitsymptome erhebt. Zum anderen erzielt man unterschiedliche Häufigkeitsangaben, je nachdem *wen* man befragt. So waren in einer repräsentativen Studie in Deutschland laut Elternurteil drei Prozent bis knapp zehn Prozent aller Kinder von vier bis zehn Jahren auffällig (Lehmkuhl et al. 1998). In einer Studie an deutschen Grundschulen wurde dagegen mithilfe eines Lehrerfragebogens eine Rate von 17,8% festgestellt (Baumgärtel et al. 1995). Diese große Diskrepanz hat damit zu tun, dass Eltern und Lehrer andere Vergleiche zu »unauffälligen« Kindern anstellen, und auch damit, dass verschiedene Fragebogen bei den Untersuchungen verwendet wurden, sicherlich aber auch damit, dass ADS-Kinder auch je nach *Alter* unterschiedliche Symptome zeigen (siehe den folgenden Abschnitt). Im Allgemeinen weiß man, dass Lehrerinnen und Lehrer genauere Einschätzungen abgeben, schließlich sind Sie darin geübt, viele verschiedene Kinder zu beobachten und zu bewerten. Für eine genaue Diagnose wie sie im Kapitel 2 beschrieben wird, hat sich deshalb das Befragen von Eltern *und* von Lehrkräften als am meisten präzises Vorgehen gezeigt.

> Es ist davon auszugehen, dass zwischen drei und zehn Prozent aller Kinder im Alter von vier bis zehn Jahren an ADS leiden. Entsprechend sind in jeder Schulklasse durchschnittlich ein bis zwei betroffene Kinder zu finden. Bei älteren Kindern ist die Rate etwas niedriger.

Was den *Geschlechterunterschied* betrifft, so wird in der Literatur stets darauf verwiesen, dass ADS häufiger bei Jungen zu finden ist als bei Mädchen. Auf ein Mädchen mit ADS kommen je nach Studie drei bis sechs Jungen. Allerdings resultieren diese Angaben auch daraus, weil Mädchen seltener wirklich hyperaktiv (zappelig) sind und die reine »Aufmerksamkeitsstörung ohne Hyperaktivität« schwer zu diagnostizieren ist. Entsprechend fallen Mädchen im Schulunterricht weniger auf und kommen somit seltener in Beratung und Therapie.

In der Fachwelt ist man sich nach wie vor uneinig, ob eine »Aufmerksamkeitsstörung ohne Hyperaktivität« als eigenes Störungsbild verstanden werden sollte oder ob es sich dabei um einen besonderen Typus von ADS handelt. Legt man die zweite Definition zugrunde, dürfte die Prävalenzrate von Jungen und Mädchen etwa gleich hoch sein.

Aufmerksamkeitsstörung ohne Hyperaktivität

Wichtig für Sie als Lehrkraft ist es, auch auf die Schüler und vor allem Schülerinnen zu achten, die nicht durch häufige motorische Aktivität im Unterricht auffallen, sondern verstärkt die folgenden Symptome zeigen:

- Tagträumereien,
- Black-out-Situationen in Prüfungen,
- Gefühl der geistigen Erschöpfung nach der Schule,
- Trödelei oder langsames Arbeitstempo,
- Antriebsarmut, wirkt oft demotiviert,
- konkurriert nicht gern mit anderen,
- wirkt oft schüchtern und verschämt,
- oft hypersensibel (kritikempfindlich, schmerzempfindlich).

1.4 Was bei Kindern mit ADS noch auffällt

Die Probleme bei der Aufmerksamkeit, die hohe Impulsivität und die überschießende motorische Aktivität sind – wie Sie schon wissen – die Kernsymptome bei ADS. Oft – und dafür ist Tobias aus dem Bericht der Lehrerin am Anfang ein Beispiel – lassen sich meist noch andere Symptome beobachten, die entweder zusätzlich als eigenständige Störung hinzukommen (sog. Komorbitäten) und für die Entwicklung des Kindes ein zusätzliches Erschwernis darstellen, oder Symptome, die in der Folge von ADS auftreten können (sog. Sekundärstörungen).

Bei der Hälfte der Kinder mit ADS finden sich zusätzlich

- *Störungen des Sozialverhaltens*, insbesondere aggressives und oppositionelles Verhalten. Auch wenn Studien aus Deutschland zum Teil niedrige Zahlen ausweisen, muss doch davon ausgegangen werden, dass diese Verhaltensweisen bei ADS-Kindern etwa zehn Mal häufiger zu finden sind als bei Kindern ohne ADS.
- Auch *Teilleistungsstörungen* wie Lese-Rechtschreib-Störungen oder Rechenstörungen sind bei bis zu 25% der Kinder mit ADS vorhanden.
- Sozialer Rückzug und *Angst* sowie *Depressivität* tritt in 30 bis 35% der Fälle auf.
- Auch psychomotorische *Entwicklungsverzögerungen* sind häufiger: oft ist die *Sprachentwicklung* verzögert und die *Sprachfähigkeit* ist beeinträchtigt (vgl. auch Döpfner et al. 2000).

Kombinationen dieser Störungen mit ADS unterstreichen, wie wichtig ein frühzeitiges Erkennen und Behandeln der ADS-Symptome ist, um einem ungünstigen Schul- und Entwicklungsverlauf vorzubeugen.

Nicht immer lässt sich eindeutig feststellen, ob die beobachteten zusätzlichen Probleme wirklich eigenständige Störungen sind, die sich unabhängig vom ADS entwickelt haben. So lassen sich die emotionalen Probleme wie Ängste und Depressivität auch aus den negativen Erfahrungen dieser Kinder aufgrund ihrer Aufmerksamkeitsstörung nachvollziehen. Wer dauernd wegen seiner Unkonzentriertheit und seines »ungezogenen« Verhaltens kritisiert wird, kann nur schwer ein stabiles Selbstvertrauen entwickeln, hat Angst vor der Schule und schreibt schließlich sein Versagen der eigenen mangelnden Anstrengungsbereitschaft zu, so wie er es auch dauernd von Eltern und Lehrern zu hören bekommt.

Selbst Gleichaltrige sind oft keine wirkliche Stütze für diese Kinder. Durch die ADS-bedingte verminderte Frustrationstoleranz und zeitweise häufige Wutausbrüche werden sie von ihren Mitschülern oft abgelehnt. Echte Freundschaften bilden sich selten, viele Kinder erleben sich als Außenseiter in der Klasse, über die man zwar in der Rolle als Kasper lacht, die man aber für zudringlich und albern hält.

→ Dabei sind diese Kinder – zumindest dann, wenn nicht zusätzliche Lernstörungen oder eine ausgeprägte Hyperaktivität vorliegt – in ihrer *Intelligenz* in aller Regel *normal entwickelt*, auch wenn sie in den entsprechenden Testverfahren meistens schlechter als der Durchschnitt ihre Altersgefährten abschneiden.

→ Kein Problem im engeren klinischen Sinn, aber trotzdem im Schulalltag wichtig: Für Sie als Lehrer oder Lehrerin oft auch zu beobachten sind außerdem *motorische Koordinationsprobleme* in der Grobmotorik, zum Beispiel beim Turnen im Sportunterricht, sowie in der Feinmotorik, zum Beispiel beim Schreiben und Zeichnen. Diese Begleitsymptome stellen zwar keine Störung im engeren Sinn dar, bereiten aber im Schulalltag sehr wohl Schwierigkeiten.

Dies alles sind nicht gerade günstige Voraussetzungen für eine positiv verlaufende *Schulkarriere*. Wie amerikanische Studien (vgl. Barkley 1998) zeigen,
• brauchen 56% der Kinder mit ADS Nachhilfeunterricht,
• müssen etwa 30% von ihnen eine Klasse wiederholen,
• besuchen 30-40% spezielle Förder- und Erziehungsprogramme,
• wurden 46% schon mindestens einmal vom Unterricht suspendiert,
• machen 10-35% keinen High School-Abschluss.

1.5 ADS-Kinder haben auch Stärken!

Angesichts der vielen Schwierigkeiten, die Kinder mit ADS in der Schule und zu Hause, mit Eltern und Geschwistern, Lehrern, Schulkameraden und sich selbst haben, und die oft allzu stark ins Auge springen, kann in Vergessenheit geraten, dass diese Kinder

auch positive Seiten haben, Stärken, die sie gegenüber anderen
Schülerinnen und Schülern auszeichnen. Diese Kinder

- strotzen oft vor Energie, wollen mit anpacken und helfen,
- sind neugierig und begeisterungsfähig,
- haben ein großes Verständnis für Recht und Unrecht,
- zeichnen sich aus durch spontane und ausgeprägte Hilfsbereit-
  schaft,
- schaffen bei entsprechender Motivation und wenn sie unter
  Druck stehen ein riesiges Arbeitspensum,
- sind sensibel für Stimmungen und Sympathie,
- sind kreativ und mit viel Phantasie begabt,
- sind risikofreudig und ständig einsatzbereit,
- haben Humor und können andere gut unterhalten,
- sind nicht nachtragend,
- zeichnen sich aus durch einen unerschütterlichen Optimismus,
  lassen sich nicht so schnell unterkriegen.

Wenn Sie es schaffen, diese Energie, Neugier und Kreativität so
zu lenken, so dass diese Begabungen produktiv im Unterricht und
beim Lernen eingesetzt werden können, haben Sie diese Kinder
auf Ihrer Seite.

Anhand der Analyse der Biographien bekannter Persönlich-
keiten lässt sich heute sagen, dass auch erfolgreiche Künstler,
Erfinder und Politiker (mit großer Wahrscheinlichkeit) an ADS
litten, so zum Beispiel Einstein, Churchill, Pestalozzi, Edison und
Mozart, wie die folgende Schilderung seiner Schwägerin Sophie
Haibl zeigt:

»Selbst wenn er sich in der Früh die Hände wusch, ging er
dabei im Zimmer auf und ab, blieb nie ruhig stehen, schlug dabei eine Ferse auf die andere und war immer nachdenkend (…).
Auch sonst war er immer in Bewegung mit Händen und Füssen,
spielte er immer mit etwas, z. B. mit seinem Chapeau, Uhrband,
Tischen, Stühlen gleichsam Clavier« (Deutsch 1961, S. 460).

Natürlich erwartet niemand, dass sich in Ihrer Klasse ein Talent
wie Mozart versteckt hält, aber ein Blick auf die mit Sicherheit
vorhandenen kreativen Seiten lässt Sie den Schabernack vielleicht
etwas ruhiger durchstehen. Deshalb:

→ Begeistern Sie Ihre Schülerinnen und Schüler, aber setzen Sie auch Grenzen! Nutzen Sie die positiven Eigenschaften als pädagogischen Hebel, um mit diesen Kindern zu arbeiten. Fördern Sie ihre Stärken, ihre speziellen Begabungen und Sie werden dankbare Schülerinnen und Schüler erleben.

Außerdem: Machen Sie sich klar, dass diese Kinder Sie nicht aus Böswilligkeit heraus ärgern, sondern oft nicht anders können und selbst darunter leiden, so anders zu sein. Vielleicht besänftigt dieses Wissen Ihre gelegentliche Wut und Sie können solche Situationen im Unterricht etwas gelassener nehmen.

1.6 ADS – in jeder Altersstufe anders

Die Aufmerksamkeitsdefizitstörung – das wissen Sie jetzt schon – kann bei jedem Kind etwas anders aussehen. Zwar zeigt das Kind immer Symptome aus zwei oder drei Kernbereichen, doch je nach Alter und Intelligenz hat das Kind Strategien entwickelt, mit den Schwierigkeiten in Konzentration, Aufmerksamkeit oder Impulsivität und Hyperaktivität umzugehen.

Für Sie als Lehrkraft kann es daher hilfreich sein, die Entwicklung der ADS-Symptomatik über die Lebensalter vor Augen zu haben. Als Faustregel lässt sich sagen, dass ein Kind mit ADS in seiner emotionalen und sozialen Reife etwa ein bis zwei Jahre hinter seinen Altersgefährten zurückliegt und daher oft alberner und kindlicher wirkt als seine Mitschüler.

Außerdem ist die Symptomatik im Alter von sieben bis acht Jahren am auffälligsten. Das hat auch damit zu tun, dass mit dem Schuleintritt die Anforderungen an ein Kind erheblich größer werden: Es soll sich sozial in die Klassengemeinschaft einfügen und bestimmte Spielregeln akzeptieren lernen, was in Zweierbeziehungen noch funktionieren kann. In der Gruppe aber ist das Kind überfordert, es kommt zu Streit, zu Wutausbrüchen oder Tränen der Enttäuschung.

Wegen der großen Unruhe und Ablenkbarkeit vieler Kinder,

oft verbunden mit oppositionellem und aggressivem Verhalten sowie Lernschwächen und Teilleistungsstörungen, kommt es in diesem Alter darüber hinaus nicht selten dazu, dass Kinder Klassen wiederholen müssen oder auch umgeschult werden.

Doch auch schon im *Säuglingsalter* – so berichten Mütter – schreien diese Kinder oft ungewöhnlich viel, ausdauernd und besonders schrill, sind quengelig und reizbar. Im *Kleinkind- und Vorschulalter* ist meist eine ausgeprägte Trotzphase zu beobachten, die Spiele sind oft destruktiv und chaotisch, Spielzeug ist immer nur für kurze Zeit interessant, Langeweile macht sich schnell breit. Bastelarbeiten werden angefangen und nicht zu Ende geführt, bei stillen Arbeiten wird geredet und dauernd etwas Neues entdeckt.

Heute weiß man außerdem, dass sich ADS nicht einfach mit dem Grundschulalter »auswächst«, sondern auch noch viele *Jugendliche* und selbst *Erwachsene* unter ADS leiden können. Zwar geht die motorische Unruhe mit zunehmendem Alter zurück, nicht aber die Aufmerksamkeitsstörung. Da bis zu diesem Zeitpunkt nicht selten schon eine frustrierende Schulkarriere durchlaufen wurde, stehen emotionale Probleme wie Depressionen oder Ängste in diesen Lebensabschnitten stärker im Vordergrund, was auch zu Fehldiagnosen führen kann (vgl. Tab. 2).

Tabelle 2: Verlauf hyperkinetischer Störungen (nach Döpfner et al. 2000, S. 17)

Säuglings- und Kleinkindalter
• sehr hohes psychophysiologisches Aktivitätsniveau • ungünstige Temperamentsmerkmale (Schlafprobleme, Essprobleme, gereizte Stimmung) und negative Eltern-Kind-Interaktion
Vorschulalter
• Hyperaktivität (ziellose Aktivität) • geringe Spielintensität und -ausdauer • Entwicklungsdefizite • oppositionelles Verhalten • Risikofaktoren für ungünstige Entwicklung: aversive Eltern-Kind-Interaktion, Aggressivität des Kindes, Entwicklungsdefizite
Grundschulalter
• Schuleintritt • Unruhe / Ablenkbarkeit im Unterricht • Lernschwierigkeiten / Teilleistungsschwächen • Umschulungen / Klassenwiederholungen • aggressives Verhalten (mind. 30-50%) • Ablehnung durch Gleichaltrige • Leistungsunsicherheit / Selbswertprobleme
Jugendalter
• Verminderung der motorischen Unruhe • Aufmerksamkeitsstörungen persistieren häufig • aggressives Verhalten • dissoziales Verhalten / Delinquenz (30%) • Alkohol- / Drogenmissbrauch • emotionale Auffälligkeiten
Erwachsenenalter
• Persistenz hyperkinetischer Symptome bei 30-60% • ausgeprägte Symptomatik bei ca. 30% • geringere Schulbildung • Delinquenz und dissoziale Persönlichkeitsstörung bei etwa 15-30%

Abschließend noch einmal in Kürze die wichtigsten Aussagen dieses Kapitels:

1. ADS ist eine der häufigsten Störungen im Kindes- und Jugendalter.

2. Die Prävalenzrate von durchschnittlich 5 % bedeutet, dass in jeder Grundschulklasse durchschnittlich mindestens ein Kind an dieser Störung leidet.

3. Neben den Hauptsymptomen Aufmerksamkeitsschwierigkeiten und der Impulsivität im Verhalten kann es zu überaktivem motorischen Verhalten kommen – muss es aber nicht. Als weitere Begleitsymptome können Teilleistungsstörungen, Entwicklungsstörungen oder depressive Symptome auftreten.

4. Jungen sind etwa dreimal so häufig betroffen wie Mädchen was die Aufmerksamkeitsstörung mit Hyperaktivität angeht.

5. Bei Mädchen zeigt sich ADS zumeist als stark unaufmerksames und verträumtes Leistungsmuster.

6. ADS beginnt nicht erst im Schulalter, wird ab diesem Zeitpunkt aber häufiger festgestellt, weil Unaufmerksamkeit, Impulsivität und motorische Unruhe in strukturierten Schulsituationen und in Gruppen eher als störend erlebt werden.

7. Auch bei Jugendlichen und Erwachsenen kann ADS diagnostiziert werden und nicht selten sind ein oder beide Elternteile Ihrer Schülerinnen oder Schüler selbst betroffen, vielleicht sogar, ohne es zu wissen.

2 Die Diagnose einer Aufmerksamkeitsdefizitstörung

Wie Sie schon im ersten Kapitel gelesen haben, fallen Kinder mit ADS durch eine Vielzahl sehr unterschiedlicher Symptome auf. Dabei ist jedes Kind anders, weil das Nicht-zuhören-Können, das Luftlöcher-Starren, das Mit-Antworten-Hereinplatzen, bevor überhaupt die Frage zu Ende gestellt ist, das zappelige Auf-dem-Stuhl-Herumrutschen, die ungelenke Schrift, die eckigen Bewegungen – kurz all diese Symptome nicht bei allen Kindern

- in der gleichen Zusammensetzung der Symptome,
- in der gleichen Häufigkeit und
- in der gleichen Intensität auftreten müssen.

Eingedenk dessen ist gut verständlich, dass es nicht nur zwischen Eltern und Lehrkräften, sondern auch unter den Lehrerinnen und Lehrern selbst ganz unterschiedliche Auffassungen darüber geben kann, ob es sich bei einem Kind ihrer Klasse nun um ein von ADS betroffenes handelt oder nicht.

Weil die meisten der Leistungs- und Verhaltenprobleme, die Sie bei einem Kind mit ADS beobachten, so auch bei anderen Kindern auftreten können, ist es unerlässlich, dass die Diagnose ADS von einem ausgewiesenen Experten gestellt wird. Dies ist auch deshalb wichtig, um ein Kind nicht ungerechtfertigt für aufmerksamkeitsgestört zu halten und betroffenen Kindern rechtzeitig Hilfe zukommen zu lassen, und sie vor einer ungünstigen Schullaufbahnentwicklung möglichst zu bewahren.

Um eine zweifelsfreie Diagnose zu erlangen, hat es sich als

sinnvoll erwiesen, für jedes Störungsbild Kriterien aufzulisten und Entscheidungshilfen zu geben, wie viele Symptome in welchem Zeitraum beobachtet worden sein müssen, um sicher zu diagnostizieren.

Die Kriterien für die eingangs genannten ADS-Symptome werden in Symptomkatalogen beschrieben und bewertet. Dafür stehen zwei Klassifikationssysteme zur Verfügung:

- *ICD-10* steht für »International Statistical Classification of Diseases and Related Health Problems«, das von der Weltgesundheitsorganisation (WHO) herausgegeben wird und in der mittlerweile 10. Revision vorliegt
- *DSM-IV* ist die Abkürzung für »Diagnostic and Statistical Manual of Mental Disorders« und wird von der American Psychiatric Association in der vierten Revision herausgegeben.

Im deutschen Gesundheitssystem hat sich die Diagnosestellung unter Zuhilfenahme der Kriterien nach ICD-10 eingebürgert, international gebräuchlicher sind aber die des DSM-IV (vgl. Tab. 3).

Wie Sie aus Tabelle 3 ersehen können, wird die Diagnose ADS nach diesen Kriterien nur dann gestellt, wenn bestimmte Verhaltensweisen »häufig« zu beobachten sind. Darüber hinaus müssen auch noch die folgenden Kriterien erfüllt sein:

- Die Symptome müssen mindestens in den *letzten sechs Monaten* beständig vorhanden gewesen sein.
- Sie müssen in einem mit dem *Entwicklungsstand* des Kindes nicht zu vereinbarenden und unangemessenen Ausmaß vorhanden sein.
- Zumindest einige Symptome müssen *bereits vor dem Alter von sieben Jahren* aufgetreten sein.
- Die Beeinträchtigungen durch diese Symptome müssen sich *in zwei oder mehreren Bereichen* (z. B. in der Schule, in der Testsituation und zu Hause) zeigen.
- Es müssen deutliche Hinweise auf eine *bedeutsame Beeinträchtigung des sozialen und/oder schulischen Verhaltens* oder bei anderen Aktivitäten vorliegen.
- Die Symptome dürfen nicht aufgrund *anderer psychischer Störungen* auftreten.

Tabelle 3: Symptomkriterien der hyperkinetischen Störung nach ICD-10 (Forschungskriterien) und der Aufmerksamkeitsdefizit-/Hyperaktivitätsstörung nach DSM-IV (nach Döpfner et al. 2000, S. 2)

A   Unaufmerksamkeit

- Beachtet häufig Einzelheiten nicht oder macht Flüchtigkeitsfehler bei den Schularbeiten, bei der Arbeit oder bei anderen Tätigkeiten.
- Hat oft Schwierigkeiten, längere Zeit die Aufmerksamkeit bei Aufgaben oder Spielen aufrechtzuerhalten.
- Scheint häufig nicht zuzuhören, wenn andere ihn ansprechen.
- Führt häufig Anweisungen anderer nicht vollständig durch und kann Schularbeiten, andere Arbeiten oder Pflichten am Arbeitsplatz nicht zu Ende bringen (nicht aufgrund von oppositionellem Verhalten oder Verständnisschwierigkeiten).
- Hat häufig Schwierigkeiten, Aufgaben und Aktivitäten zu organisieren.
- Vermeidet häufig, hat eine Abneigung gegen oder beschäftigt sich häufig nur widerwillig mit Aufgaben, die länger andauernde geistige Anstrengungen erforgern (wie Mitarbeit im Unterricht oder Hausaufgaben).
- Verliert häufig Gegenstände, die er/sie für Aufgaben oder Aktivitäten benötigt (z. B. Spielsachen, Hausaufgabenhefte, Stifte, Bücher oder Werkzeug).
- Lässt sich oft durch äußere Reize leicht ablenken.
- Ist bei Alltagstätigkeiten häufig vergesslich.

B   Hyperaktivität

- Zappelt häufig mit Händen oder Füßen oder rutscht auf dem Stuhl herum.
- Steht (häufig) in der Klasse oder in anderen Situationen auf, in denen Sitzenbleiben erwartet wird.
- Läuft häufig herum oder klettert exzessiv in Situationen, in denen dies unpassend ist (bei Jugendlichen oder Erwachsenen kann dies auf ein subjektives Unruhegefühl beschränkt bleiben).
- Hat häufig Schwierigkeitn, ruhig zu spielen oder sich mit Freizeitaktivitäten ruhig zu beschäftigen.
- [Ist häufig »auf Achse« oder handelt oftmals, als wäre er »getrieben«.] (Zeigt ein anhaltendes Muster exzessiver motorischer Aktivität, das durch die soziale Umgebung oder durch Aufforderungen nicht durchgreifend beeinflussbar ist.)

C	Impulsivität

- Platzt häufig mit der Antwort heraus, bevor die Frage zu Ende gestellt ist.
- Kann häufig nur schwer warten, bis er/sie an der Reihe ist (bei Spielen oder in Gruppensituationen).
- Unterbricht und stört andere häufig (platzt z. B. in Gespräche oder in Spiele anderer hinein).
- Redet häufig übermäßig viel (ohne angemessen auf soziale Beschränkungen zu reagieren). [Im DSM-IV unter Hyperaktivität subsumiert.]

( ) nur ICD-10, [ ] nur DSM-IV

Mit diesen zusätzlichen Kriterien soll gewährleistet werden, dass ähnliche Verhaltensweisen von Kindern, die sich aber anders erklären lassen, nicht fälschlicherweise als ADS diagnostiziert werden.

Zusätzlich zur Diagnose Hyperkinetische Störung (ICD-10) oder ADHD (DSM-IV) kann auch noch nach Untertypen differenziert werden. So unterscheidet die ICD-10 neben einer »einfachen Aktivitäts- und Aufmerksamkeitsstörung« eine »hyperkinetische Störung des Sozialverhalten«.

Das DSM-IV differenziert sogar drei Subtypen:
- ADHD, kombinierter Typ, bei dem sowohl Symptome der Unaufmerksamkeit als auch Symptome der Hyperaktivität gefunden werden,
- ADHD, vorwiegend unaufmerksamer Typ, bei dem fast nur Symptome der Unaufmerksamkeit vorliegen,
- ADHD, vorwiegend hyperaktiv, impulsiver Typ, der sich insbesondere durch starke motorische Unruhe und Impulsivität auszeichnet (vgl. auch Abb. 1).

Die dreifache Differenzierung des DSM-IV kommt den verschiedenen Ausprägungen von ADS näher und erlaubt zudem, auch den »Hans guck in die Luft« zu diagnostizieren. Da diese Unterteilung sich nicht in der ICD-10 findet, sind in Deutschland und dort, wo ebenfalls danach klassifiziert wird, Kinder mit Aufmerksamkeitsstörung, aber ohne Hyperaktivität, wenig bekannt, weil konzeptionell nicht zu diagnostizieren.

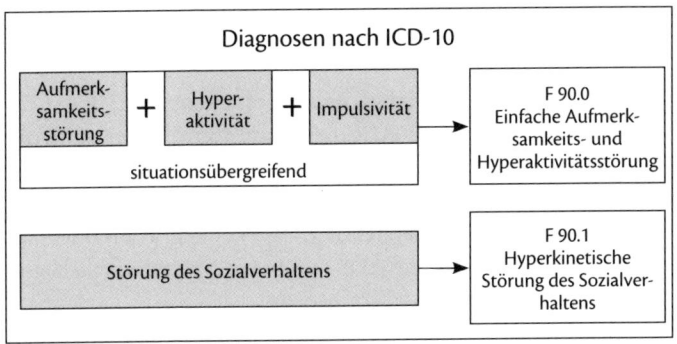

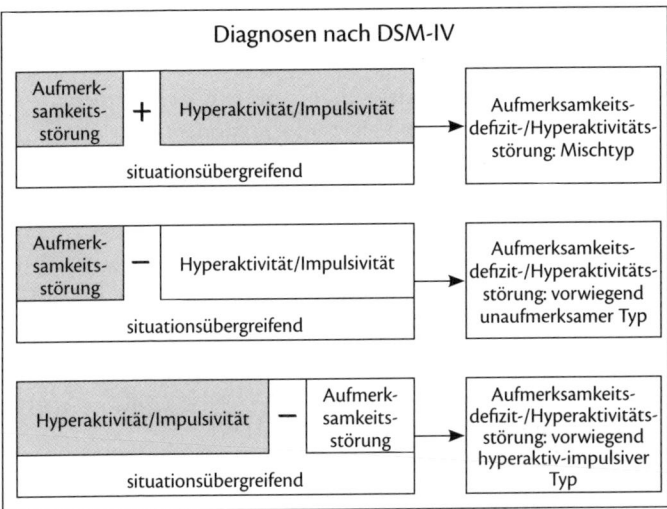

Abbildung 1: Subtypen von Diagnosen nach ICD-10 und DSM-IV (nach Döpfner et al. 2000, S. 3)

Zur Vertiefung

Sowohl für die DSM-IV-Kriterien wie auch für die ICD-Klassifikation liegen Fragebogen vor, die Sie auf unserer CD-Rom (Altherr et al. 2006) finden und dort downloaden und ausdrucken können.

2.1 Medizinische Diagnostik

Auch wenn es keine medizinische Untersuchung gibt, deren Ergebnis eindeutig zu einer ADS-Diagnose führt, ist es sinnvoll, das Kind einem Kinderarzt oder besser noch einem Kinder- und Jugendpsychiater vorzustellen. Die ärztliche Untersuchung dient im Wesentlichen der Sicherstellung, dass keine gravierenden anderen Erkrankungen für die ADS-Symptome verantwortlich sind (Ausschlussdiagnostik).

Üblicherweise wird der Arzt eine Einschätzung anhand der Kriterien von DSM-IV oder ICD-10 vornehmen. Eine sorgfältige medizinische Diagnosestellung verlangt zusätzlich aber auch eine Reihe anderer Informationen, die mithilfe von Fragen zum Entwicklungsverlauf des Kindes (Anamnese) erhoben werden.

Die ärztliche Anamnese liefert Informationen:

- zur Entwicklung der Symptome seit früher Kindheit,
- zur Familiengeschichte mit eventuellen Belastungen,
- zu Schwangerschaft und Geburt,
- zur frühkindlichen Entwicklung mit Schwerpunkt auf: Sitzen, Stehen, Laufen, Sprechen, Sauberkeitsentwicklung, Besonderheiten in der Säuglingszeit, Auffälligkeiten in der Kleinkindzeit;
- zur Einschulung und zum schulischen Werdegang,
- zum Beginn der Leitsymptome von ADS,
- zum Verlauf der Symptomatik,
- zu bisherigen Bewältigungsstrategien,
- zu Erkrankungen, insbesondere Kinderkrankheiten, Krankheiten von Herz oder Schilddrüse,
- zu Stoffwechselstörungen und Allergien,
- zu Nahrungsunverträglichkeiten,
- zu Vorbehandlungen wegen Entwicklungsproblemen, etwa: Sprachtherapie, Ergotherapie, Krankengymnastik, Bewegungstherapie, Übungsbehandlungen;
- zu medikamentösen Behandlungen,
- zu früheren oder gegenwärtigen Erkrankungen.

Außerdem sollte eine *körperliche Untersuchung* zum Ausschluss von möglichen organischen Erkrankungen durchgeführt werden. Zusätzlich ist eine orientierende *neurologische Untersuchung* sinnvoll zu den Bereichen Sehen, Hören, Wahrnehmung, Reflexstatus, Feinmotorik, Grobmotorik und Koordination, da hier häufig zusätzliche Defizite oder Entwicklungsverzögerung erkennbar werden, die die ADS-Symptomatik in aller Regel verstärken.

2.2 Sonderpädagogische Diagnostik

Da Kinder mit ADS häufig unter Entwicklungsverzögerungen und verschiedenen anderen Beeinträchtigungen leiden, die vorwiegend im Wahrnehmungsbereich, im motorischen Bereich, im Sprachbereich und – bedingt durch die geringe Aufmerksamkeitsspanne – auch im Lern- und Leistungsbereich liegen, empfiehlt es sich, eine sorgfältige sonderpädagogische Diagnostik durchzuführen. Die Störungen des Wahrnehmungsbereichs beschränken sich hierbei nicht nur auf die Sinneswahrnehmungen wie zum Beispiel Raum-Lage-Orientierung, sondern auch auf die Wahrnehmung in einem allgemeineren Sinne. Hierzu zählen insbesondere Eigen- und Fremdwahrnehmung, die häufig nicht der jeweiligen Altersstufe entsprechen.

Ähnlich wie bei der medizinisch-kinderpsychiatrischen Diagnose wird im Vorfeld der eigentlichen sonderpädagogischen Tests eine gründliche Datenerhebung durchgeführt. Diese besteht in aller Regel aus Verhaltensfragebögen für Eltern und Lehrer sowie aus einem Anamnesebogen, der die Entwicklungsgeschichte des Kindes einschließlich wichtiger sozialer Faktoren (wie z. B. Geschwisterfolge, besondere Lebensereignisse, Erziehungsstile der Erziehenden) erfasst.

Im Folgenden werden die wichtigsten diagnostischen Bereiche genannt, die für die Diagnosestellung einer ADS relevant sind:

- *Lateralitätsprüfungen* bilden eine wichtige Basis zur Beurteilung der Kinder sowie zur Einordnung der Beobachtungen. Es wird mit Hilfe verschiedener Tests geprüft, wo die Präferenzen des

Kindes beim Einsatz der Hand, beim Sehen, Hören oder Gehen liegen (Händigkeit, Äugigkeit, Hörigkeit, Füßigkeit).

- Die *neurologische Funktionsüberprüfung* gibt Aufschluss über den Entwicklungsstand der Körperbeherrschung und -kontrolle. Dabei werden neben Merkmalen der Motorik auch Verhaltensweisen wie etwa die Kooperationsbereitschaft erfasst.

- *Fein- und grobmotorische Testverfahren* ergänzen die neurologische Funktionsprüfung. Sehr häufig haben ADS-Kinder gerade in diesem Bereich große Schwierigkeiten und zeigen deutlich entwicklungsverzögerte Fähigkeiten.

- Die *auditive und visuelle Wahrnehmung* wird untersucht, um Faktoren ausschalten zu können, die zu einer Verwechslung mit ADS führen würden.

- *Kognitive Funktionen* wie sprachliche Abstraktionsfähigkeit, Problemlösefähigkeiten oder auch planerisches Handeln werden ebenfalls überprüft. Eine genaue Abgrenzung zu den psychologischen Testfeldern (wie z. B. Intelligenz- und Leistungsdiagnostik oder Persönlichkeitsdiagnostik) ist bei der sonderpädagogischen Diagnosestellung nicht immer möglich.

Gerade die sonderpädagogische Diagnostik hält eine Vielzahl bewährter Testverfahren und Fragebogen zur Prüfung spezieller Funktionsbereiche bereit. Sie dienen nicht ausschließlich zur Diagnosestellung bei ADS, können aber wichtige Hinweise auf die besonderen Defizite einzelner Kinder liefern. Auf der CD-Rom sind diese Verfahren im Einzelnen beschrieben und ihr Aussagewert kommentiert. Dort finden Sie Verfahren zur Prüfung von

- Lateralität und weiterer neurologischer Funktionsprüfungen
- Graphomotorik,
- Grobmotorik,
- Körperschema,
- auditiver Wahrnehmung,
- visueller Wahrnehmung,
- kognitiven Funktionen,
- Lese- und Rechtschreibfähigkeiten,
- Rechenfähigkeit,
- Aufmerksamkeit,

• Gedächtnis,
• Denkfähigkeit und Handlungssteuerung (exekutive Funktionen),
• Persönlichkeit und Verhalten
• sowie konkrete Beispiele aus der Praxis (z. B. zum Mann-Zeichen-Test).

2.3 Psychologische Diagnostik

Eines gleich vorweg: Auch die von Psychologen durchgeführte Diagnostik, die in der Mehrzahl Testverfahren und Fragebogen einsetzen, liefert keine Ergebnisse, die eindeutig eine Aufmerksamkeits-Defizitstörung identifizieren. Allerdings gibt sie Auskunft insbesondere zu Bereichen, die im Rahmen einer ADS-Problematik besonders oder auch zusätzlich betroffen sein können. Weil die meisten der eingesetzten psychologischen (Test-) Verfahren Vergleichsdaten von »normalen« Kindern zur Verfügung stellen, kann die psychologische Diagnostik oft Testergebnisse liefern, die sozusagen »objektiv«, das heißt ohne Rückgriff auf Eltern- oder Lehrerbeobachtungen, das Problemverhalten mit anderen im Alter vergleichbaren Kindern beschreibt. Für die ADS-Diagnose sind dies insbesondere die Bereiche

• der Aufmerksamkeit und der Konzentration,
• der sozialen und emotionalen Reifeentwicklung und
• der allgemeinen Leistungskapazität.

Für Sie als Lehrer ist wichtig zu wissen, dass gute Testleistungen (auch Intelligenzleistungen!) ADS nicht ausschließen müssen. Es bedarf daher eines erfahrenen Testpsychologen, um sowohl anhand der Verhaltensbeobachtung während eines Tests wie auch typischer Testprofile mit stark schwankenden Leistungsverläufen betroffene Kinder und Jugendliche erkennen zu können.

Zur Vertiefung

Zur strukturierten Befragung von Eltern und Lehrkräften existieren darüber hinaus mittlerweile eine Reihe von Interviewleitfäden und Checklisten:

- die Diagnose-Checkliste für hyperkinetische Störungen (DCL-HKS) von Döpfner und Lehmkuhl (1998),
- das Explorationsschema für hyperkinetische und oppositionelle Verhaltensstörungen (ESHOV) von Döpfner et al. (2000),
- das Eltern-Interview zur Eltern-Kind-Interaktion (EKI) von Döpfner et al. (1998),
- der Fremd- und Selbstbeurteilungsbogen (FBB-HKS / SBB-HKS) von Döpfner und Lehmkuhl (1998),
- der Elternfragebogen für Problemsituationen in der Familie (HSQ-D) von Döpfner et al. (1998),
- die Checkliste für Eltern über Verhaltensprobleme bei den Hausaufgaben (HPC-D) von Döpfner et al. (1998),
- die Copeland Symptom Checklist for Attention Deficit Disorder (Copeland u. Copps 1995),
- der Fragebogen für Lehrerinnen und Lehrer nach Conners (1973) überarbeitet von Skrodzki (1995) (zit. nach Staatsinstitut für Schulpädagogik und Bildungsforschung München 2003),
- der Lehrer-Fragebogen von Goyette et al. (1978), bearbeitet von Steinhausen (1995).

Eine gründliche psychologische Diagnose sollte – gerade weil Testergebnisse nicht unbedingt eine ADS-Diagnose ausschließen – außerdem alle Klagen und Beschwerden der Eltern explorieren, die Hinweise für ADS liefern könnten:

- Wird von häufigem »Familienkrach« berichtet?
- Werden gemeinsame Aktivitäten und Familienfeste von den Eltern als unerfreulich geschildert?
- Gibt es Auseinandersetzungen der Eltern über das erzieherische Verhalten, wenn das Verhalten des Kindes nicht zu beeinflussen ist?
- Dauert die Erledigung der Hausaufgaben sehr lange, so dass

für die anderen Kinder der Familie zu wenig Zeit für die Betreuung bleibt?

• Werden die Mahlzeiten häufig als unerfreulich erlebt?
• Gibt es häufige Auseinandersetzungen über Verantwortlichkeit und Mithilfe im Haushalt?
• Fühlen sich die Eltern unter ständiger Belastung und Stress durch die sozialen und schulischen Probleme eines Kindes?

Es ist gut möglich, dass manche dieser Klagen von Eltern zunächst bei Ihnen als Lehrkraft des Kindes geäußert werden, weil eine psychologische Diagnosestellung gar nicht in Betracht gezogen wird. Sie als Lehrerin oder Lehrer des ADS-Kindes liefern daher wichtige Informationen, sollte später doch eine psychologische Untersuchung ins Auge gefasst werden.

2.4 Differentialdiagnostik – Womit man ADS verwechseln kann

Ein großes Problem der gesamten Diagnostik bei ADS liegt in der Tatsache, dass die Diagnose aufgrund von Kriterien erfolgt, die zwar jeder beobachten kann, die aber nur dann auffällig sind, wenn sie in überdurchschnittlicher Intensität und Häufigkeit auftreten. Die Kriterienkategorien von ICD-10 und DSM-IV beschreiben das mit Formulierungen wie »häufig«, »mehrfach«, »oft« oder »kann nur schwer« oder »ist leicht«. Entnervte Lehrkräfte und Eltern neigen verständlicherweise eher dazu, aus einem »häufig« und einem »oft« ein »immer« zu machen.

Vorrangiges Ziel der Differentialdiagnose muss es also sein, Verhaltensweisen sowie physische und psychische Faktoren auszuschließen, deren beobachtbare Auswirkungen den Symptomen von ADS ähneln. Auch hier sind Sie als Lehrerin oder Lehrer des ADS-Kindes eine wichtige Informationsquelle und auch ein Korrektiv!

Wie Sie schon aus dem ersten Kapitel erfahren haben und aufgrund Ihres Schulalltags wissen, können die ADS-Kernsymptome

der beeinträchtigten Aufmerksamkeit und der Überaktivität auch
bei Kindern beobachtet werden, die nicht von ADS betroffen sind.
Verwechslungen mit ADS können typischerweise für folgende Situationen oder Störungen auftreten:

- bei altersgemäßer »normaler« Hyperaktivität,
- bei emotionaler Belastung in Krisensituationen,
- bei Lernbehinderung aufgrund von Intelligenzminderung,
- bei abnormen psychosozialen und familialen Umständen,
- bei gravierenden psychischen Störungen.

Altersgemäße »normale« Hyperaktivität

Es ist eher ein Zeichen von normaler Entwicklung, wenn Kinder
gelegentlich, zum Beispiel auf dem Spielplatz, herumtoben. Bei
einer solchen Gelegenheit unterscheiden sich ADS-Kinder nicht
von anderen. Wo beginnt dann aber ADS und wo hört eine altersgemäße »normale« Hyperaktivität auf?

Ein Kriterium für die Unterscheidung ist zunächst einmal die
Konstanz des Verhaltens. ADS-Kinder sind nicht nur auf dem
Spielplatz oder in den Pausen, sondern auch im Unterricht, auf
dem Nachhauseweg, bei Klassenarbeiten zappelig und oft nicht
zu bremsen.

Diese oft zu machende Beobachtung des hyperaktiven Verhaltens in ganz unterschiedlichen Situationen bedeutet für das Kind
auch, dass es sich schwer tut, sich ruhig zu verhalten, insbesondere
in Situationen, in denen Ruhe angesagt ist. Dieser Umstand unterscheidet es von »normalen« Kindern, die es schaffen, beim Essen,
in der Unterrichtsstunde, bei den Hausaufgaben ruhig zu bleiben.
Dem ADS-Kind fehlt gewissermaßen die Bremse, nach einer Zeit
des Tobens auch wieder die Geschwindigkeit zu verlangsamen.

Das eben Gesagte ist streng genommen nur für Kinder ab sieben Jahren zutreffend, weil eine *Diagnose vor dem siebten Lebensjahr*
oft schwer zu stellen ist. Jüngere Kinder sind häufiger unruhig
und das ist in diesem Alter eher zu erwarten und entspricht insofern der Norm. Bei der Diagnosestellung kommt es daher auch
darauf an, den altersgemäßen Entwicklungsstand eines Kindes zu

prüfen, weil sich daraus ebenfalls Hinweise auf die Einordnung des hyperaktiven Verhaltens ergeben.

> Motorische Unruhe und ein hoher Aktivitätsgrad allein kann niemals ein sicheres Indiz für das Vorliegen von ADS sein. Gerade bei »normalen« jüngeren (Krippen-, Kindergarten-, Vorschul-) Kindern ist die motorische Steuerung aufgrund der biologischen Reifungsprozesse des Zentralnervensystems oft noch unzureichend ausgebildet.

Emotionale Belastung in Krisensituationen

Kritische Lebensereignisse wie Trennung oder Scheidung der Eltern oder dauernde familiale Konflikte, möglicherweise noch in Zusammenhang mit körperlicher oder seelischer Vernachlässigung oder Missbrauch, führen bei den meisten Kindern zu mehr oder weniger stark auffälligem Verhalten. Dies kann plötzliche Aggressivität des Kindes sein, unruhiges Verhalten, Schlafstörungen, aber auch ein Rückzug aus geliebten sozialen Aktivitäten mit Schulkameraden oder eine traurige oder gereizte Stimmung.

Vielleicht merken Sie auch, dass das Kind nicht mehr so mitarbeitet, wie Sie es gewohnt sind, dass es teilnahmslos und geistig abwesend wirkt. Wichtig für die Unterscheidung zu ADS ist eben dieser zeitliche Verlauf der Auffälligkeiten, die Tatsache, dass Sie das Kind früher ganz anders erlebt haben und die Verhaltensänderung in einem zeitlich erkennbaren Bezug zur Belastungssituation steht.

Lernbehinderung bei Intelligenzminderung

Bei massiven Lern- und Verständnisschwierigkeiten ist eine Intelligenzüberprüfung angezeigt. Zwar ist ADS intelligenzunabhängig und kommt auch bei Kindern mit Lern- oder geistiger Behinderung vor. Allerdings sind die Probleme dann deutlich stärker als bei vergleichbaren Kindern mit Lernproblemen.

Abnorme psychosoziale und familiale Umstände

Inkonsequente oder negativ beeinflussende Erziehung (Gewalt, Distanz, regellose Beliebigkeit in den Reaktionen der Erziehenden etc.) können ADS-typische Symptome hervorrufen wie Impulsivität, Sprunghaftigkeit, mangelnde Konzentrationsfähigkeit. Allerdings verlieren sich die Symptome als Folge von ungünstigen psychosozialen Bedingungen im Gegensatz zu »echten« ADS-Symptomen in geordneter Umgebung und bei positiver Erziehung.

Gravierende psychische Störungen

Andere gravierende psychische Störungen, die ebenfalls bereits im Kindesalter auftreten können (z. B. Autismus), stehen unter anderem in Verbindung mit Störungen des sozialen Verhaltens, das wegen der Besonderheiten der zugrunde liegenden Störung aber kaum mit den anders gearteten ADS-Symptomen verwechselt werden kann.

2.5 Warum Sie als Lehrkraft für eine gültige Diagnosestellung so wichtig sind

Als Lehrerin oder Lehrer haben Sie die besonderen Lern- und Leistungsprobleme Ihrer Schülerinnen und Schüler immer vor Augen. Sie sind es, die am besten feststellen können, welche Schwächen, aber auch Stärken ein Kind besitzt, weil Sie es täglich mit Gleichaltrigen vergleichen können. Arbeitshaltung, Motivation, Ausdauer, der Umgang mit Aufgaben, die kognitive Anstrengung verlangen, die Integration in die Gruppe, der Umgang mit Frustration und Niederlagen, all dies sind Bereiche, die einer pädagogischen Beurteilung zugänglich gemacht werden können.

Gerade die Tatsache, dass sich die ADS-Symptome zeitlich stabil über mindestens sechs Monate und situationsunabhängig, also nicht nur in Leistungssituationen, sondern etwa auch bei Ausflügen oder in der Pause gezeigt haben müssen, unterstreicht, welch eine wichtige Aufgabe Sie haben. Ihre Beobachtungen und Beschreibungen des Kindes zusammen mit den Beobachtungen und Klagen der Eltern liefern eine solide Grundlage für die weitergehenden Diagnoseschritte durch Fachleute. Nur durch diese enge Kooperation zwischen Eltern, Lehrer, Schulpsychologe und Arzt/Therapeut kann ein Kind mit ADS wirkungsvoll unterstützt werden.

Checkliste für Lehrer
Welche Beobachtungen für die Diagnose ADS hilfreich sein können

1. Wann fällt das Kind auf? (d. h. bei welchen Aktivitäten?)
2. Wie fällt das Kind auf? (d. h. welches Störverhalten zeigt es?)
3. Fällt es mehr in Unterrichts- oder in Pausensituationen auf?
4. Fällt es mehr bei dem Klassenlehrer oder mehr bei unterschiedlichen Lehrpersonen auf?
5. Wie sieht sein Malen oder seine Schrift aus? (malt es über den Strich, ist die Schrift schwankend oder von Tag zu Tag anders?)
6. Wie verhält es sich in der Bewegung? (eckig, plump, hektisch, ungezielt?)
7. Wie verhält es sich beim Spiel?
8. Wie verhält es sich beim Unterricht?
9. Wie lernt das Kind am besten?
10. Wo liegen die Stärken des Kindes?

Den Beobachtungsbericht einer Lehrerin können Sie auf der CD-Rom (Altherr et al. 2006) nachlesen. Außerdem finden Sie für die Checkliste kurze Beobachtungsbögen zum Ausdrucken.

Abschließend noch einmal in Kürze die wichtigsten Aussagen dieses Kapitels:

1. Bisher gibt es kein diagnostisches Verfahren, mit dem allein die Diagnose ADS eindeutig gestellt werden könnte.

2. Die Diagnose kann nur von ausgewiesenen Fachleuten (Kinder- und Jugendpsychiatern, Kinderärzten, Psychologen, Sonderpädagogen), bestenfalls in gegenseitiger Abstimmung, gestellt werden.

3. Für eine gültige ADS-Diagnose sind die Beobachtungen der Lehrkräfte von großer Wichtigkeit: Sie geben Aufschluss über das Verhalten und den Leistungsverlauf in sozialen Lern- und Leistungssituationen und ergänzen die anderen Untersuchungen.

3 Ursachen von ADS – Oder: Warum sich das ADS-Kind so verhält wie es sich verhält

In diesem Kapitel geht es kurz und vereinfachend um die aktuell diskutierten *Ursachen* für ADS. Danach wird – ausgehend von den typischen ADS-Symptomen – erläutert, welche zum Teil weit reichenden *Auswirkungen auf Verhalten und Leistung* die in den heutigen Modellen angenommene mangelnde Selbststeuerungsfähigkeit (als zentrales ADS-Symptom) hat, warum also der erste Eindruck, dass nämlich Kinder mit ADS kein Interesse am Unterricht haben, dumm sind oder nur ihre Lehrkraft ärgern wollen, zwar aufgrund des Erscheinungsbildes in der Schule nachvollziehbar, aber nicht richtig ist.

3.1 Was sind die Ursachen von ADS?

Welches sind nun die Ursachen der Aufmerksamkeits- und Hyperaktivitätsstörung? Eines dürfte schon aus den bisherigen Kapiteln klar geworden sein: eine einfache, und das heißt in diesem Fall auch einzige Ursache kann es für diese vielen verschiedenen Symptome, die auch noch bei jedem Kind in unterschiedlicher Kombination und Ausprägung auftreten, nicht geben.

Nach heutiger Auffassung, die sich vor allem auf Untersuchungen aus den USA stützt (Ernst et al. 1994; Lou et al. 1984; Tannock 1998; Zametkin et al. 1990, 1993; zsf. Zametkin u. Rapoport 1987; Greenhill 1990), ist ADS das Ergebnis einer biologischen Funktionsstörung im Bereich der Informationsverarbeitung zwischen einzelnen Gehirnabschnitten. Konkret nimmt man an, dass die für die Informationsübertragung im Gehirn zuständigen Botenstoffe (Neurotransmitter) nicht optimal wirken. In gewisser Weise handelt es sich also um eine Stoffwechselstörung auf Zellebene. So haben moderne bildgebende Untersuchungsmethoden wie zum Beispiel die PET (Positron-Emissions-Tomographie) des Gehirns zeigen können, dass diese Funktionsstörungen vor allem in denjenigen Gehirnabschnitten vorkommen, die für die Aufmerksamkeit, Konzentration und Wahrnehmung, das heißt die Aufnahme und Verarbeitung von Informationen und Sinneseindrücken verantwortlich sind. Als Ursache für diese Funktionsstörung wird eine bis heute noch nicht in allen Details bekannte *genetische Veranlagung* vermutet. Das erklärt auch, dass Eltern und Geschwister oder andere Verwandte ebenfalls relativ häufig von ADS betroffen sind.

Das ist natürlich nur eine sehr unpräzise Erklärung der komplexen Vorgänge, die im Gehirn ablaufen. Wer darüber mehr wissen möchte, findet eine gute Zusammenstellung in dem Buch von Döpfner, Frölich und Lehmkuhl (2000).

Wichtig für Sie als Lehrerin oder Lehrer ist an diesen Ergebnissen, dass primär eine neurobiologische Besonderheit im Hirnstoffwechsel für die Symptomatik der ADS verantwortlich ist, also psychosoziale Faktoren wie unzureichende Erziehungsmethoden oder eine mangelnde Motivation des Kindes nicht ursächlich die ADS-Symptomatik bedingen.

Damit kein Missverständnis aufkommt: Diese vermutete – und in den neuen bildgebenden Verfahren auch gut darzustellende – neurobiologische Ursache ist keine Störung aufgrund genetischer Veränderungen des Erbmaterials (wie z.B. das Down-Syndrom) und es liegt auch keine hirnorganische Gewebsschädigung vor (wie man früher unter der Bezeichnung »Minimale cerebrale Dysfunktion« annahm).

Mit der Annahme, dass es sich um eine biologische Prädisposition handelt, ist eine pädagogische Einflussnahme allerdings nicht ausgeschlossen, da es oft erst im Zusammenspiel mit der Umwelt zu einer auffälligen Beeinträchtigung kommt.

3.2 Andere Erklärungen für ADS

Eine Störung des Gehirnstoffwechsels wird heute zwar als die wahrscheinlichste, aber möglicherweise nicht einzige Ursache für die vielschichtige Symptomatik von ADS vermutet. Diskutiert werden auch (Lebensmittel-) Allergien, Einflüsse in der Schwangerschaft sowie Erziehungseinflüsse der Eltern.

- *Allergien*: Fehlernährungen (etwa Zucker oder Phosphate, Süßstoffe) können bei einem geringen Prozentsatz der Betroffenen zu Symptomen führen, wie sie bei ADS bekannt sind. Entgegen früheren Vorstellungen haben sie aber nach heutiger Auffassung bei der Mehrzahl der Fälle *keinen entscheidenden Einfluss* auf die Entwicklung und den Verlauf von ADS (auch wenn in Einzelfällen eine Beeinflussung nicht ausgeschlossen werden kann).

- Auch *äußere Einflüsse* in der Schwangerschaft (Stress, Alkohol, Nikotin, Medikamente) und in der frühkindlichen Entwicklung (Frühgeburt) spielen nur in seltenen Fällen eine Rolle bei der Entstehung von ADS.

- *Erziehungseinflüsse* durch die Eltern sind nachweislich nicht Ursache für ADS, können aber die Ausgangsproblematik beeinflussen. Wegen der genetischen Prädisposition sind nämlich häufig auch weitere Familienmitglieder Symptomträger – wenn auch oftmals unerkannt. Hierbei ergibt sich die ungünstige Konstellation, dass einerseits die Eltern bereits im Säuglingsalter mit Verhaltensauffälligkeiten wie Unruhe und Hypersensibilität (häufige Unruhe, Schlafstörungen, Infektanfälligkeit) des Kindes konfrontiert werden, bei denen übliche Erziehungsregeln versagen. Andererseits kann auch bei den Eltern eine erhöhte Reizbarkeit und Impulsivität bis hin zu aggressiven Verhaltensstörungen vorliegen. Übliche soziale Lernerfahrungen unterbleiben bei Kindern mit ADS daher häufig, so dass die durch das Syndrom eingeschränkten Verhaltenskontrollen in der Folge zu weiteren – sekundären – Problemen führen können.

Festhalten lässt sich aus den Studienergebnissen, dass

- psychosoziale Bedingungen, insbesondere das elterliche Interaktionsverhalten zwar keine Ursache für ADS, wohl aber für deren Schweregrad und Dauer darstellen und
- eine überwiegend bestrafende und nur wenig fördernde Interaktion nicht zu einer Verringerung der Symptomatik, sondern vielmehr zu deren Stabilität beiträgt.

Warum ist die Kenntnis über die wahrscheinlich genetische Ursache von ADS für Lehrerinnen und Lehrer wichtig?

Machen Sie sich bitte klar, dass diese Kinder, die Ihnen oft den Nerv rauben, die andererseits doch manchmal ganz passable Leistungen bringen und ganz interessiert bei der Sache bleiben können, Sie nicht aus böser Absicht quälen, sondern sich einfach schwerer tun als andere Kinder, ruhig zu sitzen, aufmerksam zuzuhören und Ihren Anweisungen zu folgen. Die genetische Basis taugt nicht als Generalentschuldigung (»Das Kind kann ja nichts dafür, es hat doch ADS«), sehr wohl aber dient sie als Appell für mehr Verständnis und einen angemessenen pädagogischen Umgang mit diesen Kindern. Denn das, was andere Gleichaltrige sozusagen nebenbei bewältigen, ist für Kinder mit ADS immer eine besondere Anstrengung. Wenn Sie als Lehrerin oder Lehrer wissen, dass diese Kinder nicht unwillig sind oder schlecht erzogen, sondern oft nur mehr Zeit, mehr Struktur oder kleinere Arbeitsschritte brauchen, ist schon ein großer Schritt für eine bessere Unterstützung dieser Kinder getan.

3.3 Welche Bedeutung haben die neurophysiologischen Studienergebnisse für die in der Schule sichtbaren ADS-Symptome?

Schon bevor man mit bildgebenden Verfahren die Funktionsweise unseres Gehirns erforschen konnte, haben Wissenschaftler versucht, anhand von theoretischen Modellen eine Erklärung für die sehr unterschiedlichen Symptome von ADS zu formulieren. Dabei wurden in den verschiedensten Ansätzen *Störungen der Selbstregulation als das Kernproblem* hyperkinetisch gestörter Kinder interpretiert. Die Resultate der bildgebenden Verfahren und weiterer biologischer Studien decken sich dabei gut mit den Aufmerksamkeits- und Verhaltensproblemen, die man bei Kindern mit ADS-Problematik beobachten kann. Sie liefern gewissermaßen die physiologischen Grundlagen für die Lern- und Leistungsprobleme und Verhaltensauffälligkeiten, die Sie in der Schule beobachten können.

Für Barkley, einen der führenden ADS-Forscher in den USA, hängt Selbstkontrolle von einem funktionierenden Zusammenspiel der so genannten Exekutivfunktionen ab. Eine Beeinträchtigung dieser Exekutivfunktionen ist nach Barkley (1997) die Folge einer – wie er es nennt – defizitären »Verhaltenshemmung« in einigen eigentlich dafür zuständigen Gehirnarealen.

Um zu verstehen, welche Auswirkungen man daher bei ADS-Betroffenen zu erwarten hat, hilft zunächst ein Blick auf die *normale* Hirnreifung, in der mit zunehmender Entwicklung eine ständig verbesserte automatische Selbstkontrolle erfolgt, die eine Hemmungskontrolle zum Abbremsen und Innehalten von Verhaltensweisen und Gedanken voraussetzt. Diese Hemmungskontrolle hat drei Aufgaben:

1. Die Hemmung einer Reaktionstendenz, etwa bei Ratespielen nicht gleich mit der Antwort herauszuplatzen, sondern zu warten, bis man an der Reihe ist. Erleichtert werden kann dies für ADS-Kinder, denen diese Hemmung fehlt oder nur vermindert zur Verfügung steht, wenn der Ablauf einer Handlung von Anfang bis Ende bekannt und klar ist. Für die Organisation des Unterrichts kann das also zum Beispiel bedeuten, einen

klaren und strukturierten Stundenablauf vorzugeben und feste
Regeln aufzustellen.

2. Die Unterbrechung eines Verhaltens, das nicht situationsange-
messen oder schädlich ist. Dies gelingt umso mehr, je besser
die Regeln und »Einmischungen« durch Lehrer oder Eltern
bekannt und verstanden worden sind. Das heißt für den Unterricht auch, Ihre Stoppzeichen verbal, akustisch und visuell
so zu gestalten, dass sie auch wirklich wahrgenommen werden. Hier hat sich zum Beispiel das Unterstützen durch Blick-
kontakt bewährt; der Einsatz von farbigen Signalkarten ist ein
weiteres Beispiel.

3. Ablenkende äußere Reize oder Gedanken werden gebremst
bei gleichzeitiger weiterer Zielverfolgung. Um die Ablenkung
für ADS-Kinder möglichst gering zu halten, sollten Außenreize
minimiert werden. Das heißt für die Schule: für das ADS-Kind
einen Sitzplatz in der Klasse wählen, der ruhiger ist und wenig
Ablenkungsmöglichkeiten bietet. Das heißt auch, für Ruhe in
der Klasse sorgen.

Barkley geht in einem weiteren Schritt davon aus, dass eine in der
Gehirnentwicklung (noch) nicht gelungene Hemmung von Ver-
haltensimpulsen zu weiteren Störungen von Exekutivfunktionen
führt, und zwar
- im nonverbalen Arbeitsgedächtnis,
- im verbalen Arbeitsgedächtnis,
- bei der Regulation von Gefühlen,
- bei der Fähigkeit, gedanklich den »roten Faden« zu behalten
  (reconstitution).

Störungen im nonverbalen Arbeitsgedächtnis

Das nonverbale Arbeitsgedächtnis dient dazu, neue Eindrücke mit
Daten alter Erinnerungen zu vergleichen. Es ist also wichtig, damit aus Erfahrungen gelernt werden kann. Wenn diese Funktion
gestört ist – wie bei einem Kind mit ADS – besteht das »Zeitfenster« nur mehr oder weniger aus dem Hier und Jetzt. Ein Lernen

aus Erfahrung, sprich Fehlern, also das Vergleichen einer neuen Situation mit einer alten, ist diesen Kindern häufig nicht möglich. Ähnlich sieht es aus für zukünftige Ereignisse: Kinder mit ADS können oft nur viel kürzere Zeitfenster als in ihrem Alter üblich überblicken und können daher auch nur schwer zukünftige Ereignisse antizipieren (Leben im Hier und Jetzt). Für Sie als Lehrerin oder Lehrer bedeutet das auch, dass Sie sich nicht darauf verlassen können, diese Anweisung oder jenes Verbot schon einmal gesagt zu haben. Was wichtig ist, sollte mehrmals und wiederholt gesagt werden.

Störungen im verbalen Arbeitsgedächtnis

Das verbale Arbeitsgedächtnis umfasst mit der Sprachverinnerlichung einen weiteren Kontrollmechanismus. Bei der Sprachverinnerlichung handelt es sich um einen Entwicklungsprozess, bei dem das Kind die zunächst nur von außen kommende Sprache auf das eigene Selbst zu beziehen lernt. Das etwa ab dem dritten Lebensjahr mögliche Sprechen mit sich selbst erfolgt zunächst laut und wird mit zunehmendem Alter (etwa ab 6. Lebensjahr) unterdrückt. Durch diesen Internalisierungsprozess wird aus der gesprochenen Sprache das Sprechdenken. Dieses verinnerlichte Sprechen ist für ADS-Kinder schwierig. Sie kommentieren alles, was sie tun und denken, und stören damit manchmal die anderen Kinder. Dieses handlungsbegleitende Sprechen ist oft auch noch bei älteren Kindern und Jugendlichen mit ADS zu beobachten und lässt sich therapeutisch zum Beispiel bei Selbstinstruktionstrainings einsetzen.

Störungen bei der Regulation von Gefühlen

Unter der Regulation von Gefühlen wird die Fähigkeit verstanden, spontan entstehende Affekte zu unterdrücken und anzupassen. Informationen über den affektiven Zustand regeln einerseits die Entscheidungsfindung, wenn multiple Antwortoptionen vor-

handen sind, und sie gewährleisten andererseits den Antrieb, der
zur Aufrechterhaltung zielgerichteten Handelns nötig ist.

Kinder mit ADS haben bei der Regulation von Emotionen häufig Schwierigkeiten. Sie sind oft stark schwankend in ihren Gefühlen, zeigen Wutausbrüche und eine niedrige Frustrationstoleranz.
Dies bedeutet, dass sie überhaupt erst einmal ihre (positiven wie
auch negativen) Gefühle zu unterscheiden lernen müssen, und
Sie ihnen Brücken bauen sollten, ihre Gefühle sozial akzeptiert
auszuleben.

Störungen bei der Fähigkeit, gedanklich den »roten Faden« zu behalten (reconstitution)

Wenn davon die Rede ist, gedanklich den »roten Faden« zu behalten, dann ist damit die Fähigkeit gemeint, internal repräsentierte
Informationen zu zerlegen (Analyse) und neu zu kombinieren
(Synthese) und damit letztendlich zielgerichtete Aktionen auszu-
führen.

Kinder mit ADS kommen dagegen vom Hundertsten ins Tau-
sendste und verlieren oft den roten Faden beim Spielen und auch
beim Sprechen.

Für Sie als Lehrkraft bedeutet dies, dass es wichtig ist, diesen
Kindern Orientierung und Halt durch Struktur und Regeln im
Unterricht zu geben. Auch regelmäßige Kontrollen der Arbeitser-
gebnisse sind hier wichtig sowie das Setzen von kurzen, erreich-
baren Zielen.

Neben Hinweisen auf Interventionen lassen sich aus dem Er-
klärungsmodell von Barkley gut weitere ADS-spezifische Defizite
ableiten, wie Sie Ihnen auch in der Schule begegnen:

- Leben im Hier und Jetzt, Blindheit gegenüber vergangenen Er-
  eignissen, Zukunft und Zeit im Allgemeinen,
- damit auch große Schwierigkeiten, das Verhalten auf in der
  Zukunft liegende Ziele zu richten,
- mangelnde Ordnung in Heft, Tasche, Gedanken,
- Vergesslichkeit,
- Gedankensprünge.

Hier noch einmal das Wichtigste aus diesem Kapitel zusammengefasst:

1. Ursache des ADS ist vermutlich eine genetisch bedingte Störung im Gehirnstoffwechsel.
2. Andere Faktoren (Nahrungsmittelunverträglichkeit, Allergien, prä- und perinatale Einflüsse) sind nur in seltenen Fällen ursächlich.
3. Das Erziehungsverhalten der Eltern ist nicht ursächlich an der Entstehung von ADS beteiligt. *Aber:* Die ADS-Symptomatik kann in Schweregrad und Dauer durch erzieherische Maßnahmen beeinflusst werden.

4 Kinder mit ADS in der Schule

Die für ADS typischen Verhaltensweisen wie beeinträchtigte Aufmerksamkeit und die dadurch bedingte leichte Ablenkbarkeit und Aktivitätsunterbrechung sowie die motorische Unruhe stellen für Sie als Lehrerin oder Lehrer eine große Herausforderung, oft auch eine Überlastung dar. Im Folgenden wird auf drei Themenbereiche eingegangen:

Ein erster Teil (Kap. 4.1 und 4.2) beschäftigt sich mit der Frage, welche *schulischen Rahmensetzungen und allgemeinen didaktischen Überlegungen* dem betroffenen Schüler und in der Konsequenz auch der Lehrperson helfen können.

Im zweiten Teil (Kap. 4.3) finden Sie *Ratschläge*, die Ihnen helfen sollen, den Unterricht für Kinder mit ADS noch effektiver zu gestalten und von deren Umsetzung alle Kinder in der Klasse profitieren.

Ein dritter Themenbereich (Kap. 4.4 und 4.5) thematisiert *konkrete schulische Maßnahmen* für die häufigsten Problembereiche, erläutert Strategien für Lehrer zum besseren Umgang mit ADS-Schülern und gibt konkrete Hilfestellungen für typische Unterrichtssituationen.

4.1 Voraussetzungen für einen erfolgreichen Unterricht mit ADS-Kindern

Sie wissen aus dem vorherigen Kapitel, dass Kinder mit ADS wegen der mangelnden Steuerungsfähigkeit

- sich schlecht selbst organisieren können und daher Struktur, positive Verstärkungen und Aufgabenbetreuung brauchen;
- Motivation und Interesse bei diesen Kindern vorhanden ist, aber stark von äußeren (z. B. einer spannenden Unterrichtsgestaltung) und inneren Reizen abhängt und daher starken Schwankungen unterliegt, die Ihnen als Lehrkraft sofort Rückmeldung über die Gestaltung Ihres Unterrichts gibt;
- keine hohe Daueraufmerksamkeitsspanne haben und ihnen daher lange Aufgabenstellungen Mühe bereiten;
- eine verringerte Speicherkapazität des Arbeitsgedächtnisses haben, weshalb Aufgaben, die es erfordern viel Information ins Arbeitsgedächtnis abzulegen (z. B. Textaufgaben), schlechter bearbeiten können;
- eine niedrige Frustrationstoleranz haben, weshalb sie wenig Ausdauer haben und auf schnelle Belohnungen und Erfolge aus sind;
- ein schlechtes Zeitmanagement haben und daher weder die einzuplanende Hausaufgabenzeit noch die für eine Prüfung zur Verfügung stehende Zeit überblicken und dafür von außen Rückmeldung brauchen;
- Informationen wegen des sprunghaften Wahrnehmungsstils nur oberflächlich verarbeitet werden, weshalb wichtige Informationen immer klar, knapp und mehrmals wiederholt gegeben werden sollten;
- wegen des chaotisch-impulsiven Arbeitsstils die Planung und die Kontrolle von Aufgaben erschwert ist und daher die Struktur von außen gegeben werden muss;
- unter großer Vergesslichkeit leiden und deshalb externe Speicherhilfen nötig sind (Hausaufgabenheft, Notizenzettel).

ADS ist also kein Symptom aufgrund fehlender Begabung oder Nichtwissens, sondern eine Störung in der Ausführung des Wissens!

Mit diesem Wissen über ADS, seine Symptomatik, seine vermutlichen Ursachen sowie der Kenntnis, wie sich ADS auf Lernen und Leistung auswirkt, haben Sie für sich selbst eine ganz zentrale Voraussetzung für einen erfolgreichen Unterricht mit diesen Kindern geschaffen.

Dieses Wissen ist nämlich die Grundlage für ein größeres Verständnis für diese Kinder, für ihre Beeinträchtigungen und Schwächen und für einen gelasseneren Umgang mit der typischen Wechselhaftigkeit ihres Verhaltens.

Eine weitere wichtige Voraussetzung für einen erfolgreichen Unterricht ist die *intensive Zusammenarbeit mit den Eltern* dieser Kinder.

Oft fällt das ADS-Kind erst in der Schule auf und die Eltern sind sich der Problematik gar nicht bewusst. Bemühen Sie sich daher um eine intensive Zusammenarbeit mit den Eltern. Diese kann bestehen in:

- häufigem Informationsaustausch,
- gegenseitiger Unterstützung,
- Vermeidung von Schuldzuweisung,
- Organisation und Beratung für die Hausaufgaben,
- Erziehungsberatung.

Bereiten Sie ein erstes *Elterngespräch*, bei dem es unter Umständen darum geht, die Eltern über die von Ihnen gemachten Leistungs- und Verhaltensauffälligkeiten in der Schule zu informieren, sorgfältig vor, zum Beispiel mit der folgenden Checkliste.

Empfehlungen für ein erstes Elterngespräch (in Anlehnung an Aust-Claus u. Hammer 1999)

- Machen Sie sich eine Liste mit den Stärken und Schwächen des Kindes im Hinblick auf schulische Leistungen und Verhalten.
- Lassen Sie zuerst die Eltern über ihr Kind erzählen. Oft kommen hierbei schon die Sorgen der Eltern zum Ausdruck. Sie können sich ein Bild über die Beobachtungsfähigkeit und den möglichen Leidensdruck der Eltern machen.
- Setzen Sie die Beschreibung des Kindes mit den positiven Ansätzen fort, um den Eltern aufzuzeigen, dass Sie das Kind schätzen und an der gemeinsamen Hilfe für dieses Kind interessiert sind.
- Sprechen Sie dann zuerst die schulischen Leistungsschwächen an, bevor Sie auf die Verhaltensprobleme eingehen. Achten Sie darauf, wie viel Belastung den Eltern auf einmal zugemutet werden kann und wieweit sie schon darauf vorbereitet sind.
- Beschreiben Sie die Verhaltensprobleme aus der Beobachterrolle – ohne moralische Wertung und ohne den Versuch, eine Diagnose zu stellen.
- Ermutigen Sie die Eltern, die häuslichen Beobachtungen zu schildern.
- Stellen Sie gemeinsame Überlegungen für eine Hilfestellung für das Kind in der Schule und zu Hause an, zum Beispiel durch die Aufstellung eines Hilfeplans.
- Bieten Sie den Eltern Informationsmaterial über ADS an, falls die Problematik nicht bekannt ist.
- Vereinbaren Sie ein nächstes Gespräch mit den Eltern in 14 Tagen, in dem die Problematik und die Strategien noch einmal besprochen werden.
- Wenn die Strategien und die Information den Eltern weitergeholfen haben und sich eine Verbesserung der Gesamtsituation des Kindes (im häuslichen wie im schulischen Umfeld) einstellt, sollten Sie ein Folgegespräch mit den Eltern vereinbaren.

- Sollten die Schwierigkeiten des Kindes trotz Bemühungen beider Seiten anhalten, so raten Sie den Eltern am besten, eine genauere Diagnose bei einem Psychologen oder Kinder- und Jugendpsychiater oder Kinderarzt stellen zu lassen und bieten Sie ihnen an, mit ihnen gemeinsam einen Gesamthilfeplan für das Kind anhand der Diagnostik zu besprechen.

Wie eine Kommunikation zwischen Lehrerin und Mutter auch fehlschlagen kann, zeigt das folgende Beispiel.

Eintragungen einer Lehrerin ins Elternheft

4.9. Die Mathe-Hausaufgaben wurden nicht erledigt.

10.9 Verwarnung!
M. hat diese Woche drei »rote Karten« erhalten.
Er störte laufend die Hausaufgabenstunde.
Er ist frech zu Lehrerin (äfft nach).

24.9. Verwarnung!
M. hat diese Woche vier »rote Karten« erhalten.
Er lacht ständig laut in die Klasse.
Er schneidet Fratzen.
Er schwatzt laut und stört dabei.

28.9. Marcus muss 20-mal schreiben: »Nach dem Gong muss ich auf meinem Platz sitzen.«

30.9. M. durfte heute nicht mit zum Schwimmen.
Er stört ständig und passt nicht auf.
Befolgt die Anweisungen schlecht.
Steht vom Platz auf.
Sagt zu seinem Mitschüler schlechte Ausdrücke.
Spuckt auf den Klassenzimmerboden.
Sein Benehmen müsste sich dringend ändern, sonst ist ein Verbleiben in der GTS nicht mehr möglich.

01.10. 10-mal abschreiben: »Ich darf meine Mitschüler nicht treten.«

09.10. 10-mal abschreiben: »Ich darf zu meiner Mitschülerin nicht ›dreckiger Ausländer‹ sagen.«

22.10. M. ist gestern und heute beim Mittagessen unangenehm aufgefallen. Wenn er sich nicht an die Regeln halten kann (gute Tischsitten, keinen Quatsch), dann kann er am Mittagessen nicht mehr teilnehmen.

24.10. M. braucht ein neues Rechenheft und muss die Aufgabe 5 nachtragen.
17,- EUR = 71,- EUR – siehe Heftbeispiel

28.10. M. hat ständig seine Schere im Mund oder an der Nase hängen. Zwischendurch rülpst er ganz laut (absichtlich)

03.11. M. störte heute sehr. Obwohl ich heute mit ihm gesprochen habe, bleibt alles erfolglos.

12.11. 10-mal abschreiben: »Ich muss mich an die Pausenordnung halten.«

15.11. 15-mal abschreiben: »Ich störe nicht beim Vorlesen.«

18.11. Klage der Mutter an die Lehrerin: M. hatte am Dienstag einen neuen Spitzer und einen neuen Radiergummi von mir mitbekommen. Und nun ist beides schon wieder weg.

Antwort der Lehrerin: Eigentlich müsste Marcus selbst auf seine Schulsachen achten. Der Spitzer und Radiergummi verschwanden während meiner Abwesenheit. Ich kann nicht auf die Arbeitsmittel von 20 Kindern achten.

23.11. M. wurde heute 2-mal beim Treten erwischt.

24.11. Ich habe den Eindruck, dass sich Marcus gar nichts mehr aus den Ermahnungen macht. Er schreit ständig in die Klasse, lacht andere Kinder aus. Wenn Marcus sein Verhalten auf die Spitze treibt, werde ich Sie im Geschäft anrufen.

01.12. Marcus hat sein Gedicht gut vorgetragen.

02.12. M. muss die Schulübung v. 29.11. und die Hausaufgaben vom 01.12. nachholen. Er hat nicht gearbeitet, sondern Blödsinn getrieben.

06.12. Ich bitte um ein persönliches Gespräch am kommenden Montag, 09,30 Uhr.

08.12. Heute Mittag (ab 13.30 Uhr) hätte ich beinahe anrufen müssen. Es wurde von Minute zu Minute unerträglicher.

09.12. 10-mal schreiben: »Ich muss die Schilder im Hof beachten.«

18.12. Marcus hat sich heute besonders schlecht verhalten. Wenn sich sein Benehmen nicht bessert, wird er wieder für eine Woche aus dem GTS-Bereich ausgeschlossen.

21.12. Wir hoffen auf Ihre Mithilfe in erzieherischer Hinsicht. Wir warten nach den Ferien noch eine Woche auf eine Besserung.
Übrigens, Marcus wird am Schulfasching nicht teilnehmen. Das ist Do., d. 10. Februar.

22.2. Marcus weiß seine Telefonnummer nicht. Wie kann es so etwas geben?

23.2. Eintrag der Mutter:
Sehr geehrte Frau P.,
Ich habe endlich einen Termin in der Ambulanz in K. bekommen und melde mich dann wieder.

Dies ist das Protokoll einer Eskalation und der hilflose Versuch der Lehrerin, Marcus zu disziplinieren, indem sie ihm schriftliche Strafarbeiten aufgibt. Gerade weil er offensichtlich nicht in der

Lage ist, das von der Lehrerin gewünschte Verhalten im Unterricht und in den Pausen zu zeigen, wird er dieses Verhalten durch das Schreiben von Verboten sicher nicht lernen.

Versuchen Sie, es nicht so weit kommen zu lassen. Vereinbaren Sie rechtzeitig mit den Eltern einen Gesprächstermin. Holen Sie sich gegebenenfalls fachlichen Rat und Unterstützung von Kolleginnen und Kollegen, tauschen Sie sich aus, welche Möglichkeiten Sie an Ihrer Schule haben, um diesen Kindern – und damit auch sich selbst – zu helfen.

4.2 Was für erfolgreichen Unterricht mit ADS-Kindern auch noch hilfreich ist

Schaffen Sie das richtige Lernumfeld.

- Der Arbeitsplatz des Kindes sollte so wenige Ablenkungsmöglichkeiten wie möglich liefern. Deshalb setzen Sie das Kind am besten in Ihre Nähe.
- Wenn Sie mehr als ein ADS-Kind in der Klasse haben, achten Sie auch darauf, dass diese Kinder nicht zusammensitzen. Günstiger als Nachbar ist ein ruhiger Mitschüler oder jemand, der ein positives Verhaltensmodell für das Kind geben kann.
- Geben Sie dem ADS-Kind besser einen Arbeitstisch für sich allein, so kann es niemanden stören und wird auch selbst nicht abgelenkt.
- Sorgen Sie für einen niedrigen Lärmpegel in der Klasse. Stellen Sie Regeln auf, zum Beispiel darf während bestimmter Arbeitszeiten oder bei Klassenarbeiten nicht geredet oder mit dem Schlüsselbund geklappert werden.
- Achten Sie darauf, dass auf den Tischen nur die für die jeweilige Aufgabe notwendigen Materialien liegen.
- Richten Sie gegebenenfalls eine »Lernecke« im hinteren Teil des Klassenzimmers ein, die als Ruhezone dienen kann.

Gestalten Sie Ihre Unterrichtsprinzipien transparent und für alle Kinder erkennbar.

- Tun Sie alles, um den Unterrichtsablauf für die Schüler kalkulierbar und vorhersehbar zu machen, zum Beispiel durch klar strukturierte, übersichtliche Unterrichtseinheiten und das Einhalten des Stundenplans.
- Geben Sie kurze und eindeutige Anweisungen.
- Führen Sie Routinen ein: zu viele und vor allem unvorhersehbare Änderungen verwirren ein ADS-Kind.
- Setzen Sie zu Beginn die Lernerwartung der jeweiligen Stunde fest.
- Legen Sie Regeln für den gemeinsamen Umgang im Unterricht fest, zum Beispiel sollte sich jeder erst melden, bevor er etwas sagt. Halten Sie diese Regeln schriftlich fest und hängen Sie sie im Klassenzimmer aus. Geben Sie auch an, welche Sanktionen für Störverhalten folgen werden und setzen Sie diese konsequent ein.
- Erläutern Sie genau, welche Materialen und Hilfsmittel für die von Ihnen gestellten Aufgaben benötigt werden und erlaubt sind.

Berücksichtigen Sie die verkürzte Aufmerksamkeitsspanne von ADS-Kindern.

- Strukturieren Sie Ihre Unterrichtsstunde so, dass Unterbrechungen kein Problem sind.
- Berücksichtigen Sie bei der Planung, dass eine Unterrichtsphase von ca. 10 bis 15 Minuten für Kinder mit ADS zu lang ist und sie dann mit der Aufmerksamkeit abdriften.
- Gestalten Sie Ihren Unterricht abwechslungsreich und spannend.
- Setzen Sie Farben ein, um die Aufmerksamkeit zu erhöhen.

Achten Sie auf körperliche Bewegung als Ausgleich.

- Dies können Sie tun, indem Sie in der Klasse spezielle Bewegungszonen schaffen, in denen die Kinder Geräte oder Spielmaterial finden. Zu empfehlen ist die Anschaffung von Sitzbällen, die für ein Drittel der Kinder vorhanden sein sollten. Die

Kinder können sich zeitweise unter festgelegten Bedingungen den Sitzball zum Sitzen holen. Dieses Sitzen verlangt eine adäquate Körperanspannung (sonst fällt man vom Ball) und hält somit den Aufmerksamkeitspegel hoch.

- Verwenden Sie die Pausenzeiten nicht als Strafzeiten.
- Achten Sie darauf, dass ein ADS-Kind sich in den Pausen austoben kann, dann fällt das Stillsitzen im Unterricht leichter.
- Geben Sie während des Unterrichts zusätzliche Aufgaben, bei denen sich das Kind bewegen darf, zum Beispiel Kreide aus dem Lehrerzimmer holen.

Sorgen Sie für die soziale Integration des ADS-Kindes in der Klasse.

- Kinder wissen leider sehr gut, wie man es schafft ein ADS-Kind in Rage zu bringen. Unterbinden Sie Hänseleien durch Mitschüler und lassen Sie es nicht zu, dass sich das Kind zum Klassenkasper macht.
- Achten Sie auf ein faires Miteinander im Klassenraum, lassen Sie Petzen nicht zu.
- Erklären Sie den anderen Kindern, warum ein ADS-Kind manchmal Ausnahmen bekommt und dass es ihre Hilfe und Unterstützung braucht.
- Verschaffen Sie dem ADS-Kind Erfolgserlebnisse in der Klasse: Die Anerkennung durch die Gruppe stärkt das Selbstwertgefühl.
- Fördern Sie die soziale Akzeptanz des ADS-Kindes durch genaue Information und Modellverhalten gegenüber der Klasse.

4.3 Wie Sie mit ADS-Kernsymptomen im Unterricht effektiver umgehen können

Vieles von dem, was Sie in Kapitel 4 bisher erfahren haben, hilft auch den anderen Kindern in der Klasse, die keine ADS haben. Der folgende Abschnitt beschäftigt sich nun speziell damit, wie Sie auf die besonderen Probleme von und mit dem ADS-Kind im Unterricht eingehen können. Dazu wird Ihnen nochmals an den Hauptsymptomen von ADS – Aufmerksamkeits-/ Konzentrationsstörung, Impulsivität und Hyperaktivität – verdeutlicht, wie diese im Unterricht in Erscheinung treten und vor allem, wie Sie darauf in der Schulklasse reagieren können.

Die tabellarische Darstellung in Form einer Checkliste soll es Ihnen erleichtern, für die häufigsten Verhaltensauffälligkeiten im Unterricht schnell eine Lösungsmöglichkeit zu finden.

Das Leitsymptom Aufmerksamkeits-/ Konzentrationsstörung zeigt sich in der Klasse dadurch, dass das ADS-Kind	Was Sie tun können:
… dem Unterricht nicht folgt und – etwa durch Clownerien – ablenkt.	• Fragen Sie nach, was gerade schwierig ist, wo das Kind Hilfe braucht.
… sich visuell wie auch akustisch nur höchsten 20 Minuten konzentrieren kann, es hört dann nicht mehr zu oder schaut nicht mehr in Ihre Richtung.	• Halten Sie Augenkontakt oder berühren Sie das Kind gegebenenfalls kurz an Arm oder Schulter. • Fragen Sie, ob Ihre Instruktionen verstanden wurden. • Entfernen Sie ablenkende Reize aus der unmittelbaren Umgebung. • Wechseln Sie nach 20 Minuten das Thema Ihrer Stunde. • Erlauben Sie dem Kind sich zu bewegen.
… Schwierigkeiten hat, den wesentlichen Inhalt eines schweren Textes zu erfassen.	• Geben Sie Anleitung zum Schreiben von »Spickzetteln«. • Markieren Sie Oberthema und Unterthemen mit unterschiedlichen Farben.

... langsamer lernt, schneller vergisst.

- Verwenden Sie externe Speicherhilfen (z. B. Listen, Plakate, Hausaufgabenhefte).
- Planen Sie mehrere Übungsdurchgänge ein.
- Benutzen Sie bei Wiederholungen verschiedene Sinneskanäle (Sehen, Hören).

... gleichförmiges Üben vermeidet oder gar verweigert.

- Helfen Sie durch »Eselsbrücken«.
- Vermeiden Sie Machtkämpfe und Diskussionen bei Verweigerungen.
- Fordern Sie zur Not eine Zusatzstunde.
- Geben Sie Zuwendungen nur bei Leistung, nicht bei Verweigerung.

... in seiner Leistungsumsetzung, vor allem bei langfristigen Zielen, stark von seiner Motivation abhängig ist.

- Setzen Sie auf externe Motivation, das heißt Anreize geben, ermutigen.
- Verbinden Sie Ihre Kontrollen mit viel Lob für das schon Erreichte.
- Honorieren Sie auch Teilergebnisse.
- Sagen Sie dem Kind im persönlichen Gespräch, dass Sie seine Schwierigkeiten kennen und verstehen.

... bei hohem Geräuschpegel nicht bei der Sache bleiben kann, sich massiv gestört fühlt.

- Installieren Sie feste Stillarbeitsphasen.
- Halten Sie den Geräuschpegel in der Klasse niedrig.
- Schaffen Sie einen abgeschirmten Arbeitsplatz für das Kind.

Das Leitsymptom Impulsivität zeigt sich in der Klasse dadurch, dass das ADS-Kind	**Was Sie tun können:**
… nicht abwarten kann.	• Arbeiten Sie mit abgemachtem Zeichen (Signalkarte), um das Kind darauf aufmerksam zu machen. • Bremsen Sie unter Umständen, indem Sie das Kind kurz an Arm oder Schulter berühren.
… ins Unterrichtgespräch platzt.	• Schließen Sie »Verträge« darüber, welche Verhaltensweisen das Kind nicht zeigen soll (siehe Kap. 4.5.2).
… Regeln schlecht einhalten kann.	• Erarbeiten Sie zusammen mit dem Kind wenige, dafür klare Regeln, woran es sich halten soll. • Geben Sie genaue, konkrete und kurze Anweisungen. • Erarbeiten Sie einen Punkteplan (siehe Kap. 4.5.1). • Üben Sie mit dem Kind »inneres Sprechen«, mit dem es lernt sich selbst die Regeln vorzusagen.
… heftig auf als ungerecht empfundene Strafen reagiert.	• Kommen Sie dieser Reaktion zuvor, indem Sie vorher genau ankündigen, welche Strafen auf Regelverletzungen folgen und führen Sie diese auch immer sofort nach der Regelverletzung durch. • Beachten Sie auch: Strafen müssen inhaltlich im Verhältnis zum Regelverstoß stehen, zum Beispiel dem Kind nach einem Verhaltenseklat eine Auszeit (Time-out, siehe Kap. 4.5.4) geben, nicht aber, wenn es schon wieder seine Arbeitshefte vergessen hat. • Bei wiederholtem Regelverstoß haben sich Tokensysteme (siehe Kap. 4.5.1) bewährt.

... seinen Unmut sofort äußert.

- Bewahren Sie die Ruhe, nehmen Sie Bemerkungen nicht persönlich, besser »mitbrummeln« oder die Äußerungen ignorieren.

... extrem kritikempfindlich ist.

- Vermeiden Sie Diskussionen, wenn Sie selbst in Wut sind.
- Warten Sie für ein »Kritikgespräch« einen neutralen Zeitpunkt ab.
- Verkneifen Sie sich »moralisierende Ansprachen« oder persönliche Etikettierungen.

... unter Zeitdruck, bei Hektik blockiert.

- Trainieren Sie, »gemütliche«, ruhige Instruktionen zu geben.
- Machen Sie ausreichende Zeitvorgaben bei Aufgaben.
- Verringern Sie notfalls die Anforderungen.

... durch seinen oberflächlichen Wahrnehmungsstil Leseschwierigkeiten hat.

- Erlauben Sie dem Kind, mit dem Finger nachzufahren bzw. mit einer Leseschiene zu lesen.
- Helfen Sie ihm durch farbige Markierung wichtiger Stichwörter.

... nicht planvoll arbeiten kann.

- Teilen Sie die Aufgaben in kleine Arbeitsschritte auf, die Sie nacheinander jeweils besprechen und kontrollieren.

... die eigene Leistung nur schlecht einschätzen kann.

- Verschaffen Sie die nötige Rückmeldung und »Korrektur« von außen.

... den Schwierigkeitsgrad einer Aufgabe nur schlecht einschätzen kann.

- Zerlegen Sie Aufgaben in Teilschritte.
- Geben Sie Motivationshilfen zum Einstieg.

... Zeit braucht, sich auf Situationswechsel einzustellen.

- Kündigen Sie Wechsel in der Aufgabe oder in Themenbereichen rechtzeitig an.
- Versuchen Sie, das Erregungsniveau des Kindes zu dämpfen.
- Ermöglichen Sie einen positiven Einstieg in die neue Situation.

... (scheinbar) aggressiv gegenüber anderen Kindern reagiert.

• Trennen Sie die Streithähne und weisen Sie ihnen unterschiedliche Plätze zu.
• Stellen Sie als eiserne Regel für die Klasse auf: »Keine Gewalt gegenüber anderen Kindern«, hängen Sie die Regel im Klassenzimmer auf und reagieren Sie konsequent auf jeden Regelbruch.
• Lassen Sie Petzen von Mitschülern nicht durchgehen.
• Teilen Sie Strafen nur für Regelverstößen aus, die Sie mit eigenen Augen gesehen haben.

Das Leitsymptom Hyperaktivität zeigt sich in der Klasse dadurch, dass das ADS-Kind

Was Sie tun können:

... nicht still sitzen kann.

• Sehen Sie zwei Plätze im Klassenzimmer vor.
• Verschaffen Sie Bewegungsmöglichkeiten durch:
  – Tafelputzen,
  – Kreideholen,
  – Sitzball,
  – eine Bewegungsphase für alle.

... bei schriftlichen Arbeiten länger braucht als andere Kinder.

• Verlangen Sie verstärkt mündliche Leistungen.
• Honorieren Sie schriftliche Leistungen besonders.
• Räumen Sie mehr Zeit bei Klassenarbeiten ein.
• Arbeiten Sie mit vorbereiteten Ergänzungslisten.
• Lassen Sie gegebenenfalls eine Textverarbeitung auf dem Computer zu.

... Schriftbild und Heftführung mangelhaft sind.	• Fordern Sie eine lesbare Handschrift ein.
	• Lassen Sie unter Umständen am PC schreiben.
	• Üben Sie für anstehende Arbeiten (Hausaufgaben, Aufsätze) die Blatteinteilung.
	• Honorieren Sie auch schon die Anstrengungsbereitschaft, nicht nur das Resultat.
	• Geben Sie keinen Punkteabzug allein nur für schlechte Schrift.

4.4 Wie Sie bei ADS-spezifischen Lernproblemen in einzelnen Unterrichtsfächern vorgehen können

4.4.1 Schreiben und Lesen

Um zu verstehen, warum das ADS-Kind Probleme beim Schreiben und Lesen hat, ist es hilfreich, sich zu vergegenwärtigen, welche teils hochkomplexen Fertigkeiten bei diesen Aufgaben verlangt sind.

Die Grundlagen für den Schreiblernprozess bestehen in:
• motorischer Differenzierung und Steuerung (Handgeschicklichkeit, Handdominanz, Objektanpassung, Körperhaltung),
• sensorischer Differenzierung und Integration (visuelle Raumwahrnehmung, taktil-kinästhetische und akustische Wahrnehmung),
• kognitiver Strukturierung und energetischer Regulierung (akustische Merkfähigkeit, Wort-Sinn-Verständnis, visuelles Vorstellungsvermögen, Gedächtnis für räumliche Strukturen, taktil-kinästhetische Bewegungsvorstellung, Planung bis zur Impulsgebung, psychisch-motivationale Einstellung und Bereitschaft).

Diese verschiedenen Aspekte bedürfen eines sinnvollen Zusammenspiels für den zu erlernenden Schreibvorgang und stellen für ein Kind mit ADS mit den bekannten Einschränkungen in motorischer Hemmung, visueller Wahrnehmung und Aufmerksamkeitslenkung eine große Herausforderung dar. Seine Aufmerksamkeit, die es eigentlich für den Lerninhalt verwenden sollte, wird oft von dem Versuch, ordentlich zu schreiben, beansprucht. Andererseits weiß es aus leidvoller Erfahrung, dass es gute Noten hier nicht oder doch zumindest selten zu erwarten hat, weshalb es das Schreiben vermeidet, wo es nur kann. Das Vermeiden von Schreiben und die geringe Übung lassen den Abstand zu den Mitschülern immer größer werden. Um diese Entwicklung zu verhindern, braucht das ADS-Kind beim Schreiben unbedingt Hilfe und Verständnis von Ihrer Seite wie auch von den Eltern.

So können Sie dem ADS-Kind beim Schreiben helfen:

- Eine äußere Struktur ist auch beim Schreiben(lernen) hilfreich, zum Beispiel indem Sie zusammen mit dem Kind das Schreibblatt einteilen (Rand, Datum, Überschrift, Zeilenabstände), solange es diese Hilfe benötigt.
- Erlauben Sie dem Kind, mit dem Bleistift zu schreiben, jedenfalls solange, bis eine bessere Steuerung sichtbar wird.
- Erlauben Sie für längere Schrift- und Hausaufgaben auch die Benutzung von Druckschrift oder gleich das Schreiben am Computer.
- Belohnen Sie beim Schreibenlernen erst einmal die richtig geschriebenen Wörter und heben Sie diese zum Beispiel mit Textmarkern hervor. Bei längeren Schreibaufgaben kann dies auch bedeuten, dass Sie gute Teile einer Aufgabe mit einem Textmarker hervorheben.
- Um eine differenzierte Rückmeldung an das Kind zu geben, kann es auch hilfreich sein, Aufgaben in kleine Teile zu zerlegen und jeweils einzeln zu kontrollieren und zu bewerten. Dadurch vermeiden Sie den Eindruck, dass die gesamte Arbeit falsch sei.
- Bessern Sie Fehler immer sofort aus, damit sich kein falsches Schriftbild einprägt.

- Gestalten Sie das Schreiben attraktiver durch farbige Über-
  schriften, farbiges Papier, durch Schreiben zu Musik. Ihrer
  Fantasie sind hier keine Grenzen gesetzt, denn alles was
  spannend und unerwartet ist, hilft dem ADS-Kind, die Aufmerksamkeit zu halten.
- Und – zu guter Letzt – geben Sie keine Noten für Schön-
  schreiben. Damit schaffen Sie nur einen Dauerfrust für das
  ADS-Kind und verstärken seine Abneigung gegenüber jegli-
  cher Schreibarbeit.

Auch das *Lesen* stellt das ADS-Kind oft vor große Probleme:

1. *Aufgaben, die stilles Lesen verlangen,* stellen das ADS-Kind vor
   große Schwierigkeiten: Damit es seine Aufmerksamkeit auf-
   rechterhalten und den Sinn eines Textes verstehen kann, muss
   es laut lesen und so seine Stimme hören können. Ohne auditiven Input tut es sich schwer, den zu lesenden Text zu verstehen.
2. *Leseunterricht mit der ganzen Klasse*: Auch hier fällt es dem ADS-
   Kind schwer, seine Aufmerksamkeit aufrecht zu erhalten. Falls
   die Möglichkeit gegeben ist, sollte das ADS-Kind bei diesem
   Teil des Unterrichts bei ganz aufmerksamen Schülern sitzen.
   Zu empfehlen ist außerdem, dem ADS-Kind zu erlauben, den
   Text erst auf Kassette anzuhören und ihn dann mit Partnern
   in kleinen Gruppen noch einmal zu lesen.
3. *Verlieren des Gedankengangs*: Kinder mit ADS können sich oft
   nicht auf das, was sie lesen, konzentrieren. Zwar können sie oft
   sehr gut die Wörter erkennen und fließend lesen, aber bedingt
   durch die große Ablenkbarkeit kämpfen sie extrem mit dem
   Behalten und Verstehen dessen, was sie lesen. Dies ist ganz
   besonders der Fall, wenn es sich um trockene, uninteressante
   oder schwierige Texte handelt. Das führt dazu, dass Texte wiederholt und unzählige Male gelesen werden müssen.
4. *Schwierigkeiten mit dem visuellen Fokussieren des gedruckten
   Textes*: Wegen der Aufmerksamkeitsschwierigkeiten und der
   Probleme in der visuellen Wahrnehmung verlieren Kinder mit
   ADS sich im Text, wissen nicht mehr, bis wohin sie gelesen
   haben.

Folgende *pädagogische Hilfen* bieten sich im Umgang mit den genannten *Leseproblemen* an, wobei es sich empfiehlt, dies in Sonderstunden oder – nach entsprechender Anleitung der Eltern – zu Hause durchzuführen:

- Ermuntern Sie das Kind, zunächst einen Text laut zu lesen, damit es ihn gleichzeitig hört.
- Stimmen Sie das Kind auf das behandelte Thema eines Lesetextes ein, so dass schon im Vorfeld eine Spannung aufgebaut wird und verschiedene schwierige Wörter und Begriffe erklärt werden können.
- Ermuntern Sie das Kind dazu, sich selbst oder den Eltern den Lesestoff zu erzählen, sich gegenseitig vorzulesen, sich Notizen beim Lesen zu machen. Auch das Markieren oder Unterstreichen von wichtigen Wörtern hat sich gut bewährt.
- Bieten Sie gegebenenfalls ein Zusatztraining an, um neue, unbekannte Wörter zu entziffern.
- Lassen Sie das Kind eine Leseschiene oder ein Lesefenster basteln als Alternative für Finger oder das Lineal beim Lesen.
- Regen Sie an, dass das Kind während des Lesens den Text gleichzeitig auf Kassette mithört.
- Erlauben Sie, dass sich das ADS-Kind während des Lesens bewegen darf, auf und ab geht oder den Sitzball benutzt.

4.4.2 Rechnen

Oft kommt es durch Entwicklungsverzögerungen im Bereich von Fähigkeiten, die für das mathematische Lernen ausschlaggebend sind, zu stark ausgeprägten Lernschwierigkeiten im Rechnen. Die Kinder helfen sich selbst nicht selten mit eigenen Strategien, die nur leider oft nicht wirklich das Rechnen lernen erleichtern. Grundlagen zum erfolgreichen Mathematiklernen sind zum Beispiel:

- Entwickeln von Zahlenvorstellungen,
- Aufbauen eines Zahlenraumes und Erkennen seiner Strukturen,
- Erfassen von Rechenoperationen über Handlungen,

- Entwickeln von Automatismen des 1+1 und 1x1,
- Entwickeln von Grundvorstellungen zu Größen und zur Geometrie.

Kinder, die diese Grundlagen nicht aufbauen, werden und bleiben zählende Rechner. Sie zeichnen sich durch ein Unverständnis für mathematische Sachverhalte aus und können dem regulären Unterricht bald nicht mehr folgen.

Das Kind mit ADS zeigt hier oft spezielle Rechenschwierigkeiten wie etwa

- Unachtsamkeitsfehler im Kopfrechnen,
- schlechte Strukturierung der Rechenaufgaben auf dem Blatt,
- Organisations- und Abschreibschwierigkeiten von der Tafel oder aus dem Buch,
- Unaufmerksamkeit bei den Operationszeichen ($+, -, :, x$) ,
- Memorisierungs- und Abrufschwierigkeiten der Grundfertigkeiten,
- Vertauschen der Ziffern in den Kolonnen,
- Verunsicherung bei der kleinsten Schwierigkeit,
- Überforderung bei Rechengeschichten.

Folgende *pädagogische Hilfen* haben sich fürs *Rechnen* bewährt:

- Eine Entspannung der Situation tritt schon allein dadurch ein, dass Sie dem ADS-Kind mehr Zeit für schriftliche Rechenarbeiten geben. Machen Sie ihm aber klar, dass es sich dafür auch besonders anstrengen muss.
- Um dem häufigen Überlesen von Details entgegen zu wirken, ist es hilfreich, optisch ansprechendes Material vorzugeben.
- Zusätzlich kann es helfen, speziell liniertes Papier oder vorbereitetes Papier (z. B. bei Tafelrechnungen) benutzen zu lassen.
- Reduzieren Sie das Abschreiben von der Tafel oder aus dem Buch und setzen Sie stattdessen einzelne, individuell vorbereitete Blätter ein.
- Geben Sie die zu verarbeitenden Blätter einzeln und nacheinander aus, um das ADS-Kind nicht von vornherein zu entmutigen.
- Honorieren Sie jeden erfolgreichen Lösungsschritt.

- Führen Sie nach der Arbeit in positiver Form eine genaue Fehleranalyse zusammen mit dem Kind durch.
- Lassen Sie den gezielten Umgang mit Taschenrechnern zu.
- Erlauben Sie das schriftliche Notieren der Kopfrechnung.
- Schreiben Sie die Operationszeichen (+, −, :, x) bei Tafelrechnungen oder auf Arbeitsblättern jeweils farbig, so dass sie optisch besser wahrgenommen werden.
- Nutzen Sie die Möglichkeit von PC-Rechenprogrammen zum Trainieren des Lernstoffs.
- Lassen Sie die Grundregeln in ein extra dafür anzulegendes Heft eintragen, so dass das Kind hier immer wieder nachschlagen und die Verarbeitung des neuen Stoffes vorbereiten kann.

Als Lehrerin oder Lehrer können Sie selbst entscheiden, wie viel Aufgaben in einer Prüfung zu bearbeiten sind. Nutzen Sie diese Freiheit, zum Beispiel indem Sie dem ADS-Kind weniger Rechenaufgaben in der Prüfung geben als den anderen Kindern. Machen Sie aber klar, dass es als Ausgleich dafür diese Aufgaben dann aber auch sehr sorgfältig erledigen muss.

4.4.3 Hilfen zum besseren Umgang mit Hausaufgaben

Durch ihre Aufmerksamkeitsschwächen, ihre Impulsivität und schulischen Leistungsdefizite sind Kinder mit ADS durch Hausaufgaben oft überfordert. Schon allein der Gedanke daran macht sie schlecht gelaunt oder aggressiv. Nach der Schule sich wieder zu Hause zu konzentrieren, sich mit Inhalten zu beschäftigen, die sie oft noch nicht richtig beherrschen, sich wieder durch die vielen Fehler frustriert zu fühlen, wieder keine Zeit zum Spielen zu haben, all das möchten sie nicht.

Machen Sie sich als Lehrerin oder Lehrer klar: Hausaufgaben beginnen und enden in der Schule. Sie bestimmen Art und Umgang der Hausaufgaben und Sie sind auch derjenige, der die Aufgaben bespricht und sie am nächsten Tag kontrolliert.

Pädagogischer Umgang mit den Hausaufgaben
in der Schule

Machen Sie sich klar, dass das ADS-Kind hierbei besondere
Hilfestellungen braucht, die zum Beispiel wie folgt aussehen
können:

- Reservieren Sie jeden Tag die letzten zehn Minuten der
  Schulzeit für das Vorbereiten, Einschreiben und Einpacken
  der Hausaufgaben. Kontrollieren Sie das Hausaufgabenheft
  und das eingepackte Material.
- Schreiben Sie die Hausaufgaben immer an derselben Stelle
  und in derselben Anordnung an die Tafel und lassen Sie sie
  – am besten vom ADS-Kind – vorlesen.
- Sorgen Sie dafür, dass das Hausaufgabenmaterial in einem
  speziellen Fach der Mappe zusammengelegt wird.
- Kontrollieren und bewerten Sie täglich die Hausaufgaben
  und honorieren Sie jegliche Anstrengung (dazu können Sie
  einen Punkteplan oder Tokens verwenden; wie dies genau
  geht, erfahren Sie in Kap. 4.5.1).
- Sprechen Sie die Konsequenzen für das Fehlen oder Verges-
  sen der Hausaufgabe vorher genau mit dem Kind und den
  Eltern ab.
- Halten Sie engen Kontakt mit den Eltern, tauschen Sie Informationen so oft wie nötig aus.
- Lassen Sie sich im Aufgabenheft von den Eltern auch Rückmeldung über die benötigte Hausaufgabenzeit und die auf-
  getretenen Schwierigkeiten geben, so dass Sie Umfang und
  Qualität der Hausaufgaben dem ADS-Kind besser anpassen
  können.

4.4.4   Umgang mit Verhaltensauffälligkeiten in der Schule

Natürlich sollte in jeder Schule vom ersten Schultag an die eiserne Regel gelten, dass Gewaltanwendungen und Gefährdungen
anderer Kinder verboten sind. Es hat sich aber als hilfreich erwiesen, mit allen Kindern gemeinsam in den ersten Stunden diese

Regeln festzulegen und aufzuschreiben. Achten Sie dabei darauf, dass die Regeln klar formuliert sind und legen Sie zusätzlich fest, welche Konsequenzen folgen, wenn diese Regeln nicht eingehalten werden. Die Liste mit Regeln und den Konsequenzen hängen Sie dann im Klassenzimmer für alle sichtbar und nachlesbar auf. Es ist wichtig, dass jedes Kind diese Regeln und ihre Folgen kennt. Entsprechend sollten Sie bei allen darauf folgenden Regelverletzungen das Kind, das sich nicht an die Regeln gehalten hat, nochmals nach der Regel fragen. Lassen Sie sich die Regel dann von ihm nochmals wiederholen oder wiederholen Sie sie selbst und verhängen Sie dann die Strafe, die vorher für diese Regelverletzung vereinbart worden war.

→ *Ganz wichtig*: Reagieren Sie auf Regelverletzungen immer sofort und immer mit der Konsequenz, die vereinbart war! Kündigen Sie nie Konsequenzen an, die Sie dann nicht einhalten. Bleiben Sie konsequent und setzen Sie klare Grenzen!

Achten Sie bei der Festlegung der Strafen darauf, Maßnahmen, die für das ADS-Kind (ebenso wie für die anderen Kinder) lebenswichtig sind, wie Pausen und Bewegungsmöglichkeiten, nicht durch Beschränkungen als Strafen einzusetzen. Geben Sie auch keine zusätzlichen (Haus-)Aufgaben als Strafe. Besser bewährt sich hier ein konsequentes Belohnungs-Bestrafungssystem mit einem Punktebonus, das täglich eingetragen wird und am Wochenende zum verdienten Resultat führt (z. B. kleine, altersangepasste Spielüberraschungen). Die Punkte, die pro festgelegtem Fehlverhalten abgezogen werden, müssen vorher genau mit den Kindern durchgesprochen werden und sollten in der Klasse sichtbar neben der Regelliste hängen.

Bei groben Regelverletzungen und für den Fall, dass sich das Kind in einem sehr erregten Zustand befindet, sollten Sie es unbedingt vermeiden, mit dem Kind zu diskutieren. Hier ist es günstiger, das Kind aus der Situation herauszunehmen und abzuwarten, bis es sich beruhigt hat. Als Methode der Wahl hat sich hier die Verwendung von Time-out bewährt, auf die im folgenden Kapitel genauer eingegangen wird.

4.5 Techniken der Verhaltensmodifikation

Wenn pädagogische Interventionen allein keine hinreichende
Wirkung erzielen, kann es hilfreich sein, spezielle Methoden
einzusetzen, die aus der Verhaltenstherapie entlehnt sind. Diese
unter dem Begriff Verhaltensmodifikation zusammengefassten
Interventionen bieten sich insbesondere an bei störenden Verhaltensweisen, wie sie tagtäglich in der Unterrichtspraxis – und
nicht nur bei ADS-Kindern – vorkommen. Im Grunde handelt
es sich um die konsequente Umsetzung von pädagogischen Prin-
zipien wie Lob und Tadel. Allerdings sind eine Reihe von Regeln
zu beachten, die auf den Gesetzen der Lerntheorien beruhen und
deren Einhaltung für eine erfolgreiche Anwendung unabdingbar
sind. Damit sind auch bereits die Grenzen dieser Techniken skiz-
ziert: Verhaltensmodifikationstechniken verlangen eine sorgfältige Planung und sehr konsequente Einhaltung und Durchführung, damit sich ein Erfolg einstellt.

Grundannahme der Verhaltenstherapie – und damit auch der
Verhaltensmodifikation in der Schule – ist die Überzeugung, dass
jedes Verhalten, auch das eines ADS-Kindes, nicht starr festgelegt,
sondern prinzipiell veränderbar ist, weil der überwiegende Teil
des Verhaltens gelernt ist, also auch Fehlverhaltensweisen.

Die Art und Weise, wie Verhaltensweisen gelernt werden, ist
Gegenstand der Lerntheorien. Danach lassen sich – neben kom-
plexeren Lernvorgängen, die für den Wissenserwerb von Unter-
richtsstoff nötig sind – drei Grundarten des Lernens unterscheiden:
- das klassische Konditionieren,
- das instrumentelle Konditionieren,
- das Modelllernen (auch Lernen an Vorbildern).

Beim klassischen Konditionieren, gelegentlich auch als Assoziati-
onslernen bezeichnet, wird aufgrund einer bestimmten Reizkons-
tellation des situativen Kontextes gelernt, indem Aspekte oder
Eigenschaften der Situation mit einem Verhalten verbunden werden. Dies führt dazu, dass nach wiederholt erfahrenen gleichen
Reizkonstellationen dieses Verhalten auch dann auftritt, wenn es

eigentlich gar nicht sinnvoll oder notwendig ist, sondern weil der situative Kontext gleich ist. Diese Lernart ist besonders für die Entstehung von Gefühlen wie etwa Angst bedeutsam.

Das Modelllernen, manchmal auch Imitationslernen genannt, passiert durch Beobachten und Nachahmen der Verhaltensweisen anderer Schüler, aber auch der Lehrer. Seien Sie sich also dessen bewusst, dass die Art und Weise, wie Sie selbst in der Klasse agieren, ein Modell für die Verhaltensweisen Ihrer Schüler sein kann. Hilfreich kann auch sein, das richtige Verhalten von Mitschülern explizit zu nennen, etwa: »Max und Felix lösen die Aufgabe schon so, wie ich es euch gesagt habe.«

Das instrumentelle Konditionieren lässt sich auch als Lernen aus Konsequenzen bezeichnen: Verhaltensweisen, denen positive Konsequenzen folgen, werden häufiger gezeigt und eingesetzt und damit gelernt als Verhaltensweisen, denen negative Konsequenzen folgen.

Im schulischen Alltag machen Sie sich diese Lernart zunutze, indem Sie erwünschte Verhaltensweisen belohnen, zum Beispiel durch Noten oder Lob, und unerwünschte Verhaltensweisen sanktionieren, etwa durch Strafarbeiten oder Einträge ins Klassenbuch.

In der Verhaltensmodifikation versucht man nun systematischer als nur durch gelegentliches Loben und Tadeln erwünschte Verhaltensweisen auf- und unerwünschte Verhaltensweisen abzubauen. Dies geschieht unter anderem dadurch, dass man neben einer genauen Beschreibung des Problem- und des gewünschten Zielverhaltens auch überlegt, ob die Konsequenzen, die einer Verhaltensweise folgen sollen, eher zu einer Erhöhung oder eher zu einer Verringerung der Auftretenswahrscheinlichkeit eines Verhaltens führen werden. So ist die Zuwendung, die Sie einem Schüler aufgrund seines störenden Verhaltens geben, für diesen eine positive Konsequenz seines Verhaltens. Aufgrund der Lerngesetze ist daher eher von einer Zunahme als von einer Abnahme dieses Verhaltens auszugehen, selbst wenn damit eine schlechte Betragensnote verbunden ist. Welche Verstärker sind es also, die in der Schule am effektivsten eingesetzt werden können?

Soziale Verstärker – also Lob oder Zuwendung – können allge-

mein als gut geeignet für den Einsatz in der Schule angesehen
werden, da sie neben ihrer eigentlichen Funktion, ein gewünsch-
tes Verhalten zu verstärken und damit aufzubauen, dem Kind zusätzlich Sicherheit geben und Angst entgegen wirken. Außerdem
sind sie einfach und jederzeit einsetzbar. Ein Nachteil besteht allerdings darin, dass sie nicht unabhängig vom Beziehungsverhält-
nis zwischen Lehrer und Schüler wirken: Lob und Zuwendung
werden nur dann als Verstärkung wahrgenommen, wenn sie von
Lehrer oder Lehrerin auch als Lob gemeint sind.

Auch *materielle Verstärker* (z. B. kleine Geschenke, Spielsachen)
eignen sich für die Modifikation von Verhaltensweisen, haben
aber den Nachteil, dass sie nicht immer und überall verfügbar
und unter Umständen auch von den Eltern nicht gewünscht sind.
Hier hat es sich bewährt, statt kleiner Geschenke beliebte Tätigkeiten (z. B. Blumen gießen, Kreide holen, Ämter für die Klasse)
anzubieten oder zu erlauben.

Eine dritte Gruppe von Verstärkern sind so genannte *Tokens*.
Hierbei handelt es sich um generalisierte Verstärker (z. B. Punkte,
die in eine Belohnung eingetauscht werden können). Neben der
Tatsache, dass Tokens in jeder Situation einsetzbar sind, bieten
sie im Rahmen der Verhaltensmodifikation darüber hinaus große
Vorteile bei der Selbstbeobachtung und Selbstprotokollierung
durch den Schüler. Meist kommt es schon allein dadurch zu einer
Verhaltensänderung im Sinne einer situationsangepassten Selbst-
darstellung. Konsequent eingesetzt sind sie daher außerordentlich
wirksam für die Veränderung von Verhaltensweisen.

Im Folgenden wird daher detailliert darauf eingegangen, wie
Sie in der Schulklasse mithilfe von Tokensystemen arbeiten können und was dabei zu beachten ist.

4.5.1 Tokensysteme (Punktepläne)

Wie man weiß, beeinflusst Lob allein hyperkinetisches Verhalten kaum. Die gewünschten Verhaltensänderungen zeigen sich jedoch, wenn auch die erhöhte Anstrengungsbereitschaft der Kinder, die zu situationsangepasstem Verhalten nötig ist, honoriert wird. Diese Erkenntnis macht man sich zu Nutze, indem angemessenes Verhalten in spezifischen Situationen zunächst mit Münzen oder Punkten honoriert wird, die später in eine Belohnung eingetauscht werden können. Die Eintauschverstärkung kann im Kindergarten, in der Schule, zu Hause oder beim Therapeuten erfolgen (z. B. spezielle Spielzeit, weniger Hausaufgaben, beliebte Tätigkeiten).

Tokensysteme erlauben also, das Problemverhalten durch gezielte Verstärkung zu verändern, wenn Lob und verstärkte Aufmerksamkeit allein nicht ausreichen. Sie sind leicht umsetzbar, denn Spielmarken, Klebepunkte oder -bilder sind überall preiswert zu erhalten und die einzutauschenden Verstärker können selbst ausgesucht werden. Durch die Möglichkeit der Variation von Verstärkern verliert das System über Wochen und Monate sowie situationsübergreifend nicht an Wirksamkeit. Es unterstützt zudem eine organisierte, systematische und faire Erwachsenen-Kind-Interaktion mit klar definierten Regeln. Es erfordert beim Kind wie auch bei den verstärkenden Personen (Lehrer oder Eltern) eine unmittelbare Aufmerksamkeitslenkung auf erwünschte Verhaltensweisen, weil die Punkte direkt nach diesem Verhalten vergeben werden sollten. Außerdem hinterlassen Tokensysteme durch die Anzahl der erhaltenen Punkte sichtbare und überdauernde Spuren angemessenen Verhaltens.

Für die Entwicklung eines Punkteplans ist es zunächst wichtig, ein zu veränderndes Problemverhalten auszuwählen und dieses ebenso wie die Situationen, in denen es auftritt, möglichst konkret zu beschreiben (Schritt 1). Danach sollte das erwünschte Verhalten in diesen Situationen sehr genau beschrieben werden (Schritt 2). Wichtig dabei ist, dass die Verhaltenskriterien für eine Punktevergabe nicht zu hoch angesetzt werden, damit das Kind auch die Chance hat, eine Verstärkung zu erhalten. Danach er-

Mein Punkte-Plan: Spielregeln

Ich erhalte Klebebilder/Punkte, wenn ich es schaffe, folgende Regeln einzuhalten:

Regeln	Anzahl der Punkte
1. Ich stehe morgens direkt auf, wenn die Mutter mich weckt und schimpfe nicht	1
2. Ich ziehe mich zügig an und wasche mich und bin bis 7.30 damit fertig	2
3.	
4.	

Ich darf meine Bilder/Punkte eintauschen:

Anzahl der Punkte	können eingetauscht werden in:	Anzahl der Punkte	können eingetauscht werden in:
3	Mutter liest abends eine besonders lange Geschichte vor		
9	eine halbe Stunde länger Computer spielen		
36	mit beiden Eltern ins Erlebnis-Bad gehen		

Abbildung 2: Beispiel für Punkte-Plan-Spielregeln (nach Döpfner 2000, S. 170)

folgt die Auswahl einer unmittelbaren Belohnung auf das vorher definierte erwünschte Verhalten (Schritt 3). Abbildung 2 zeigt ein Beispiel für Eltern.

Zusätzlich kann mit dem Kind eine Liste von Sonderbelohnungen erarbeitet werden (vgl. Abb. 3), in der wie beim normalen Punkteplan die Anzahl der Punkte festgelegt wird, die für eine Sonderbelohnung notwendig werden.

Mein Punkte-Plan: Wünsche für Sonderbelohnungen	
Wünsche und Ideen	Notwendige Punkte

Abbildung 3: Sonderbelohnungswünsche (nach Döpfner et al. 1997, S. 304)

→ Um eine Verhaltensänderung bewirken zu können, darf die Verstärkerwirkung nicht zu gering ausfallen. Für die Durchführung des Tokensystems im Alltag sollten sowohl die Spielregeln des Punkte-Plans als auch das Punkte-Konto (vgl. Abb. 4) an einer gut sichtbaren Stelle im Klassenzimmer angebracht werden.

Hier noch einmal zusammengefasst, wie Sie bei der Erstellung eines Tokensystems vorgehen sollten:

1. Auswahl des Störverhaltens und genaue Definition desselben. Beispiel: Dazwischenreden, ohne aufgerufen worden zu sein.

2. Protokollierung der Häufigkeit des Störverhaltens. Beispiel: Die Häufigkeit des Dazwischenredens wird in Form einer Strichliste über ca. 3 Schulstunden hinweg von der Lehrkraft oder vom Schüler selbst notiert. Ergebnis könnte

Mein Punkte-Konto

Regel	Montag	Dienstag	Mittwoch	Donnerstag	Freitag	Samstag	Sonntag

Abbildung 4: Punktekonto (nach Döpfner et al. 1997, S. 306)

sein, dass der Schüler durchschnittlich 10-mal pro Stunde dazwischenruft.

3. Bestimmung der Art der Tokens, die für erwünschtes Verhalten vergeben werden. Beispiele: Punkte in einem Wandkalender, Strichliste, Münzen.

4. Regeln für erwünschtes Verhalten werden formuliert (dabei das Prinzip der kleinen Schritte beachten, damit das ADS-Kind eine Chance sieht, Tokens zu verdienen). Beispiel: Erwünschtes Verhalten: maximal 6 Zwischenrufe pro Stunde = 1 Token.

5. Diskussion und Fertigstellung einer Liste von Eintauschverstärkern. Beispiel: 5 Tokens = 1 Aufgabe weniger bei den Hausaufgaben. 25 Tokens = Die Eltern spendieren einen Kinobesuch (nach Absprache mit den Eltern!).

6. Veröffentlichung des Regelsystems und vertragliche Festlegung mit Unterschrift beider Vertragspartner.

7. Erklärung der Funktion des Tokensystems. Beispiel: »Weil ich weiß, wie schwer es dir fällt, dich zu melden und abzuwarten, bis du an der Reihe bist, honoriere ich ab sofort deine zusätzliche Anstrengungsbereitschaft …«

8. Gültigkeitszeitraum festlegen. Beispiel: 4 Wochen bis zu den Oster-/Weihnachtsferien.

9. Der Eintauschzeitpunkt wird festgelegt (Beachte: Bei jüngeren Kindern sollte die Rückmeldung unmittelbar, d. h. am selben Tag erfolgen, bei älteren Kindern können die Tokens, je nach Zeitfenster, auch über einige Tage gesammelt werden.)

10. Die Tokens werden zusammen mit Lob vergeben.

11. Wenn das Störverhalten auf ein erträgliches Maß reduziert wurde oder ganz verschwunden ist (meist innerhalb eines Zeitraums von ca. 6 bis 8 Wochen), kann das Tokensystem ausgeblendet (die Tokens werden mit Lob, jedoch ohne zusätzliche Belohnung vergeben) oder ein anderes Störverhalten aufgenommen werden. Bei »Rückfällen« ist das Tokensystem wieder eingesetzt.

4.5.2 Therapeutische Verträge

Bei älteren Kindern empfiehlt es sich, statt Tokensystemen therapeutische *Verträge* einzusetzen. Hierbei werden statt einzelner beobachtbarer Verhaltensweisen komplexere Verhaltensziele vereinbart.

Solche Verträge eignen sich für Alltagsnotwendigkeiten im Klassenzimmer wie für häusliche Pflichten und »Spielregeln« (z. B. zur Pünktlichkeit, Erledigung von Hausaufgaben). Die Erstellung eines Vertrags erfolgt analog zu jener der Tokensysteme. Das heißt, es wird zunächst das gewünschte Zielverhalten formuliert. Wichtig ist dabei, dass dies zusammen mit dem Kind festgelegt wird. Wichtig ist auch, immer nur ein positives Ziel zu formulieren; so kann vereinbart werden, dass sich der Schüler immer erst

---

Vertrag

Heute haben Michael und Dr. _____ vereinbart:
• Michael füllt jeden Tag das Selbstbeobachtungsblatt aus.
• Er bringt es zur nächsten Stunde mit.

Wenn Michael das Blatt zur nächsten Stunde mitbringt,
darf er bestimmen, was wir in fünf Extraminuten machen:
Computerspiel, Raufen auf der Matte oder Dart-Spiel.
Diese Zeit geht von der Zeit ab, in der Dr. _____
bestimmen dürfte.
Das gilt unabhängig davon, wie oft Michael die drei Ziele
geschafft hat.

Vergisst Michael, das Blatt auszufüllen oder mitzubringen,
gehen fünf Minuten von seiner Zeit ab und diese Vereinbarung
verlängert sich um eine Woche.

Bei Beendigung dieses Vertrages meldet Dr. _____
den Eltern den Erfolg.

_____, den _____

_____   _____
gez. Michael   gez. Dr.

Abbildung 5: Beispiel für einen Vertrag zwischen Kind und Behandler (nach Staatsinstitut für Schulpädagogik und Bildungsforschung München 2003, S. 91)

meldet und wartet, bis er aufgerufen wird, bevor er etwas sagt. Neben dem Zielverhalten sollte in dem Vertrag auch festgehalten sein, welche Gegenleistung das Kind erwarten kann.

Gut ist, wenn das Zielverhalten ganz konkret angegeben wird, damit das Kind weiß, was es tun soll. Nur eine Verbotsliste aufzustellen ist aus diesem Grund von Nachteil: Das Kind weiß dann zwar, was es nicht tun soll, nicht aber, was es tun soll. Abbildung 5 zeigt beispielhaft einen Vertrag zwischen dem ADS-Kind Michael und dem behandelnden Arzt oder Psychologen.

4.5.3   Response-Cost-Systeme (Verstärker-Entzugs-Systeme)

Neben Tokensystemen und Verträgen werden in der Verhaltensmodifikation auch so genannte Response-Cost-Systeme eingesetzt, die im Prinzip umgekehrt wie die beiden anderen Syste-
me vorgehen. Hier werden nicht gewünschte Verhaltensweisen
systematisch belohnt, sobald sie vom Kind gezeigt werden, sondern sie dienen dazu, besonders häufiges Problemverhalten (z. B.
ständiges Aufstehen im Kindergarten oder im Unterricht, Stören
anderer) zu vermindern, indem bereits gegebene, generalisierte
Verstärker (z. B. 10 Münzen, Streichhölzer, Kärtchen) für unan-
gemessenes Verhalten entzogen werden. Mit den Münzen (o. Ä.),
die nach der Schulstunde beim Kind verblieben sind, wird dann
verfahren wie mit den erarbeiteten Punkten im Tokensystem: Sie
werden gemäß einer vorher vereinbarten Verstärkereintauschliste
in eine Belohnung (z. B. Spielminuten, kleine Geldbeträge) um-
gewandelt. Ein Kind kann also am Ende der vereinbarten Zeit
um so mehr eintauschen, je weniger Verstärker ihm wegen un-
erwünschter Verhaltensweisen abgenommen wurden. Response-
Cost-Systeme haben sich vor allem im Vorschulalter bewährt.

→ Aber Vorsicht: Die geringe Frustrationstoleranz von ADS-Kindern kann dazu führen, dass sie auf den Einzug eines Verstärkers
mit einem Wutanfall reagieren, wenn dies aus ihrer Perspektive
als »ungerecht« erlebt wird.

Abbildung 6 illustriert ein solches Verfahren, das bei Döpfner
(2000) als »Wettkampf um lachende Gesichter« bezeichnet wird.
   Hier hat beispielsweise die Klassenlehrerin mit einem sehr
unruhigen Schüler einen solchen Wettkampf vereinbart. Dabei
streicht die Lehrerin jeweils ein Gesicht an (als trauriges Gesicht),
wenn der Schüler seinen Sitzplatz verlässt.
   In die am Ende jeder Unterrichtsstunde übrig gebliebenen Gesichter darf sich der Schüler ein lachendes Gesicht malen. Die
lachenden Gesichter können dann in Belohnungen (z. B. weniger
Hausaufgaben) eingetauscht werden. Generell ist die unmittelbare Wirksamkeit von Response-Cost-Methoden gut gesichert.

Wettkampf um lachende Gesichter

Datum/ Spielzeit	Spieler 1: Thomas	Spielmarke: ☺
	Spieler 2: Lehrerin	Spielmarke: ☹

Datum/Spielzeit	Gesichter
25.1. 1. Std. Deutsch	☹ ☹ ☹ ☹ ☹ ☺ ☺ ☺ ☺ ☺
2. Std. Mathem.	☹ ☹ ☺ ☺ ☺ ☺ ☺ ☺ ☺ ☺
3. Std. Sachkunde	☹ ☹ ☹ ☹ ☹ ☹ ☹ ☺ ☺ ☺
4. Std. Musik	☺ ☺ ☺ ☺ ☺ ☺ ☺ ☺ ☺ ☺
26.1. 1. Sdt. Religion	☹ ☹ ☹ ☹ ☹ ☹ ☹ ☺ ☺ ☺
2. Std. Deutsch	☹ ☹ ☹ ☹ ☺ ☺ ☺ ☺ ☺ ☺
3. Std. Sachkunde	☹ ☹ ☺ ☺ ☺ ☺ ☺ ☺ ☺ ☺
4. Std. Mathem.	☹ ☹ ☺ ☺ ☺ ☺ ☺ ☺ ☺ ☺

Abbildung 6: Beispiel eines Response-Cost-Verfahrens (nach Döpfner 2000, S. 173)

Im Vergleich zur Token-Verstärkung, die immer das gewünschte Verhalten belohnt, und dies sehr konsequent tun muss, sind sie oft wirkungsvoller. Sie erlauben eine unmittelbare Reaktion auf gezeigtes Problemverhalten, geben dem Kind also eine direkte Rückmeldung.

4.5.4 Time-out (Auszeit)

Vor allem bei ausgeprägten Formen von oppositionellem Verhalten und wenn negative Konsequenzen auf ein Problemverhalten kurzfristig nicht mehr greifen, kann die Anwendung einer Auszeit sinnvoll sein. Dazu muss das Kind das Klassenzimmer verlassen oder aus der Klassensituation herausgenommen werden, indem es einen gesonderten, möglichst reizfreien Platz zugewiesen bekommt. Wichtig ist, dass während der Auszeit alle potentiellen Verstärker nicht mehr erreichbar sind, also weder angenehme Aktivitäten damit verbunden werden können noch positive Beachtung durch Mitschüler. Das Kind muss die Auszeit als negative Konsequenz auf sein Verhalten wahrnehmen können, es muss also auch wissen, worin der Verstoß bestand.

Wenn Sie das Kind während der Auszeit aus dem Klassenzimmer schicken, empfiehlt sich zur Sicherstellung der Aufsichtspflicht eine Vereinbarung mit Kollegen, die das Kind für eine bestimmte Zeit in ihre Klasse aufnehmen. Dort erledigt das Kind vorgegebene Aufgaben.

4.5.5 Selbstinstruktionstraining

Durch das Selbstinstruktionstraining soll das Kind zu einem planvollen und reflexiven Arbeitsstil bei der Bewältigung von Aufgaben angeleitet werden, die geistiges Durchhaltevermögen, Daueraufmerksamkeitsspanne und systematisches Arbeiten erfordern. Da das Training die Fähigkeit zur Metakognition voraussetzt, ist es für Vorschulkinder nicht geeignet und stellt auch für 6- bis 7-jährige Kinder häufig noch eine Überforderung dar.

Eine zentrale Komponente des Trainings ist die Entwicklung eines Problembewusstseins beim Kind sowie die Besprechung der Ziele des Trainings mit dem Kind. Dabei werden die Fehlerarten erarbeitet, die ihm bei Hausaufgaben oder Anforderungen im Schulumfeld unterlaufen. Die häufigsten Fehlerarten sind ein zu schnelles und unüberlegtes Beginnen einer Aufgabe, eine starke Ablenkbarkeit, zu schnelles und ungenaues Bearbeiten und man-

Abbildung 7: Signalkarten (aus Döpfner et al., Therapieprogramm für Kinder mit hyperkinetischen und oppositionellem Problemverhalten (THoe), 3. vollst. überarb. Auflage, 2002, Psychologische Verlags Union, Weinheim)

gelnde Kontrolle der Aufgabe. Typische negative Konsequenzen dieses Arbeitsstils sind Unzufriedenheit der Eltern beziehungsweise Lehrer mit der Arbeit des Kindes, meist eine extrem lange Bearbeitungsdauer, häufig notwendiges Nachbearbeiten der Aufgaben und schlechte Noten.

Durch das Selbstinstruktionstraining soll das Kind lernen, sich zunächst einmal zu bremsen, bevor es zu übereilt mit einer Aufgabe beginnt, und genau zu überlegen, was die Aufgabe ist. Es

Mein Ziel
Mein Problem

Vorteile	Nachteile

Ich möchte gerne das Problem in den Griff bekommen und
bin bereit, mein eigener Detektiv zu sein!
◯ ja   ◯ nein

Unterschrift

Mein Ziel:

Abbildung 8: Selbstmanagementbaustein – mein Ziel (nach Döpfner et al. 1997,
S. 336)

lernt einen Plan zu machen, wie die Aufgabe am besten zu lösen
ist, und diesen Plan schrittweise durchzuführen, ohne sich ablenken zu lassen. Das Kind wird angeleitet, die Lösung der Aufgabe
zu überprüfen und sich selbst zu loben, wenn es erfolgreich war,
oder sich bei Fehlern zu ermuntern, beim nächsten Mal besser
aufzupassen. Zum Aufbau eines planvollen und reflexiven Arbeitsverhaltens gehört die Einführung in die Technik des lauten
Denkens. Signalkarten (vgl. Abb. 7) sollen dem Kind helfen, eine
Aufgabe schrittweise zu lösen und dadurch Flüchtigkeitsfehler zu
vermeiden.

Mein Detektiv-Bogen

Ich _____ bin mein eigener Detektiv

Mein Ziel

Ich will: _____

_____

Wie gut ist mir das gelungen?

Super   ☺ Beweis _____ ⊗

Gut   ☺ Beweis _____ ⊕

Nicht gut ☹ Beweis _____ ⊖

Zeit	Montag	Dienstag	Mittwoch	Don- nerstag	Freitag	Samstag	Sonntag
	◯	◯	◯	◯	◯	◯	◯
	◯	◯	◯	◯	◯	◯	◯
	◯	◯	◯	◯	◯	◯	◯
	◯	◯	◯	◯	◯	◯	◯
	◯	◯	◯	◯	◯	◯	◯
	◯	◯	◯	◯	◯	◯	◯
	◯	◯	◯	◯	◯	◯	◯
	◯	◯	◯	◯	◯	◯	◯

Zur Unterstützung:

◯ Ich rufe die Therapeutin/den Therapeuten an _____

◯ Ich bespreche den Bogen jeden Tag mit _____

◯ andere _____

Abbildung 9: Detektiv-Bogen (nach Döpfner et al. 1997, S. 337)

Die Technik der Selbstinstruktion sollte an mehreren spielerischen Aufgaben mit verschiedenen Arbeitsblättern (z. B. Labyrinthe, Konzentrationsspiele) eingeübt werden, wobei der Lehrer oder auch ein Therapeut anfänglich als Modell dienen sollte.

Tokensysteme können für die spielerische und motivationale Unterstützung sehr hilfreich sein. Dabei kann an dieser Stelle auch der »Wettkampf um lachende Gesichter« (vgl. Abb. 6) eingesetzt

werden. Nach der erfolgreichen Automatisierung der Selbstins-
truktionsschritte an spielerischen Aufgaben kann das Training auf
schulische Anforderungen (z. B. Textaufgaben) erweitert werden.
Die Generalisierung des Arbeitsverhaltens auf reale Situationen
kann durch Selbstmanagement-Techniken, wie beispielsweise
mittels Zieldefinition (vgl. Abb. 8) und Detektiv-Bogen (vgl. Abb.
9) unterstützt werden.

4.5.6 Checklisten

Checklisten dienen dazu, die Vergesslichkeit und Ablenkbarkeit
zu reduzieren und Handlungsabläufe zu automatisieren. Sie werden gemeinsam mit dem Kind erstellt, dann jedoch von ihm selb-
ständig abgearbeitet (siehe Beispiel Abb. 10).

Checkliste für den Schulranzen von

....

(Name des Kindes einsetzen)

Einpacken:	Mo	Di	Mi	Do	Fr
Lesebuch		✗			
Sprachbuch		✗			
Aufsatzheft		✗			
Grammatikheft		✗			
Matheheft		✗		✗	
Mathebuch		✗		✗	
Erdkundebuch		✗		✗	✗
Erdkundemappe		✗		✗	✗
Englischbuch			✗		
Englischheft			✗		
Biobuch	✗		✗		
Bioheft	✗		✗		
Musikmappe	✗		✗		✗
Technikheft	✗		✗	✗	
Religionsheft		✗	✗	✗	
Religionsbuch		✗	✗	✗	
Sportbeutel	✗			✗	✗
Kunst (14-tägig)		✗	✗		✗

Abbildung 10: Beispiel für Checkliste zum Packen des Schulranzens

Das Kind oder der Jugendliche erstellt mit Hilfe seines Stundenplans eine solche Checkliste. Ausgestrichen werden jene Tage, an denen das jeweilige Buch oder Heft nicht benötigt wird. Die Liste wird nach den Hausaufgaben durchgegangen und abgehakt, wenn die entsprechenden Sachen in der Schultasche sind.

5   Behandlungsmöglichkeiten bei ADS

Im Folgenden geht es um über die Schule hinausgehende Interventions- und Therapiemöglichkeiten, die in aller Regel von anderen Berufsgruppen durchgeführt werden, etwa (Schul-) Psychologen, Psychotherapeuten, Heil- oder Ergotherapeuten. Grundgedanke für dieses Kapitel ist es, Ihnen, den Lehrerinnen und Lehrern, durch Informationen zu außerschulischen Behandlungsmöglichkeiten, den Vorgehensweisen sowie deren Vorzügen und Nachteilen eine wichtige Entscheidungsgrundlage zu liefern. Manche mögliche Intervention wird nämlich allein deshalb nicht in die Wege geleitet, weil wichtige Bezugspersonen der Kinder – gleichermaßen in Familie und Schule – sie nicht kennen oder über falsche Informationen verfügen. An dieser Stelle kommt gerade Ihnen als Lehrperson eine wichtige Aufgabe zu, da Sie durch umfassende Kenntnise, Ihren Erfahrungshintergrund und eine neutralere Distanz oft der Wegbereiter für die richtige Intervention sein können.

5.1 Multimodale Therapie

Aus zahlreichen Studien weiß man heute, dass einzelne Maßnahmen – psychologische, medizinische oder pädagogische – meist nicht in ausreichendem Maße eine erfolgreiche Behandlung darstellen oder das ADS-Kind oft gar nicht erst erreichen können

(z. B. bei stark ausgeprägter Symptomatik ohne medikamentöse Behandlung). Die Komplexität der Symptomatik (im Bereich der Aufmerksamkeit, der Selbststeuerung, des Arbeitsverhaltens, der motorischen Umsetzung etc.) in den unterschiedlichsten Lebensbereichen (Familie, Schule, Freizeit) fordert daher ein multimodales Behandlungskonzept. Darunter ist im Allgemeinen eine enge Kooperation verschiedener Institutionen und Disziplinen – Schule (Lehrkräfte und Schulleitung), (Fach-)Ärzte (meist Kinder- und Jugendärzte und/oder Kinder- und Jugendpsychiater), Therapeuten und bei Bedarf Einrichtungen der Jugendhilfe – gemeint, die in enger Abstimmung den betroffenen Kindern und ihren Familien helfen.

Diese multimodale Therapie kann aus unterschiedlichsten Teilen zusammengesetzt sein, über die im Einzelfall aufgrund der jeweiligen Hauptsymptome entschieden werden sollte. Häufig handelt es sich um folgende Interventionen, die hier zunächst nur im Überblick aufgelistet werden. Eine ausführlichere Darstellung zur Zielsetzung, Vorgehensweise und Indikation der verschiedenen *Module einer effektiven ADS-Behandlung* folgt im Anschluss:

1. Wichtigstes Element ist eine sorgfältige *Aufklärung und Beratung* der Eltern, des Kindes oder Jugendlichen und des Erziehers oder Klassenlehrers, was immer und in jedem Fall am Anfang jeder weiteren Intervention stehen sollte. Nur wenn alle Beteiligten über ADS, die vermutlichen Ursachen, Auswirkungen auf emotionales und soziales Verhalten, Schulleistungen, Arbeitshaltung sowie die Behandlungsmöglichkeiten ausreichend informiert sind, können die weitergehenden Behandlungsschritte fruchten.

2. Da ADS in der Regel auch in der Familie zu häufigen Konflikten und Belastungen führt, die oftmals durch inadäquate Interaktions- und Kommunikationsmuster der Eltern noch verstärkt werden, ist es häufig angeraten, den Eltern ein *spezielles Elterntraining* oder eine *Familientherapie* anzubieten.

3. Je nach Alter des betroffenen Kindes sollten auch *Interventionen im Kindergarten oder in der Schule* (einschließlich Platzierungs-Interventionen) zur Verminderung der Symptomatik in Schule und Familie erfolgen. Häufig handelt es sich hier um eine

systematische Anleitung der Lehrpersonen in Strategien der Verhaltensmodifikation und lerntheoretisch orientierten Verhaltenstherapie.

4. Ab dem Schulalter erweist es sich zumeist als effizienter, bei den betroffenen Kindern zusätzlich zu den Interventionen in der Schulklasse auch kognitive Interventionsstrategien einzusetzen. Wichtige Einsatzgebiete sind hier *Selbstinstruktionstrainings* zur Verminderung von impulsiven und unorganisierten Aufgabenlösungen oder *Selbstmanagementstrategien* zur Anleitung des Kindes oder Jugendlichen zur Modifikation des Problemverhaltens.

5. Je nach Schweregrad der Symptomatik ist eine *pharmakotherapeutische Behandlung* das Mittel der Wahl, da hiermit wirkungsvoll eine Verminderung hyperkinetischer Symptome in der Schule oder im Kindergarten, in der Familie und in anderen Umgebungen erreicht wird.

5.1.1 Aufklärung und Beratung

Grundlage aller Behandlungsschritte ist die *Aufklärung des Kindes oder Jugendlichen* selbst. Dabei ist auf eine altersangemessene Form zu achten. Außerdem empfiehlt es sich, im Verlauf der Behandlung immer wieder auf die Besonderheiten und das Anderssein hinzuweisen und dem Kind oder Jugendlichen auch Strategien zum positiven Umgang mit dieser Andersartigkeit an die Hand zu geben.

Die *Aufklärung und Beratung der Eltern* sollte ebenfalls Informationen hinsichtlich der Symptomatik, der aus heutiger Sicht zu vermutenden Ursachen, des vermutlichen Verlaufs sowie der Behandlungsmöglichkeiten enthalten. Im Sinne einer Psychoedukation hat es sich als wichtig erwiesen, ausgehend von den individuellen Vorstellungen der Eltern über die Ursachen zu verdeutlichen, dass biologische Faktoren eine wesentliche Grundlage für die Entwicklung von ADS darstellen, dass aber psychosoziale Faktoren, wie Erziehungsstil oder besondere familiale Belastungen zur Ausprägung und Aufrechterhaltung der Problematik beitra-

gen. Nur wenn Eltern klar ist, wie biologische und psychosoziale
Faktoren zusammenspielen, kann davon ausgegangen werden,
dass sie die vorgeschlagenen Behandlungsstrategien für ihr Kind
akzeptieren und unterstützen.

Die *Aufklärung und Beratung der Bezugspersonen* in Kindergarten
oder Schule dient den gleichen Zielen. Auch hier ist davon auszugehen, dass eine Unterstützung des ADS-Kindes wie auch der
Behandlungsschritte dann am besten gelingt, wenn Erzieher und
Lehrkräfte hinreichend über die Symptomatik, Ursache und Entwicklungsverlauf sowie die möglichen Behandlungsmethoden
informiert sind. Viele Eltern scheuen sich allerdings, der Lehrerin
oder dem Lehrer ihres Kindes die Diagnose mitzuteilen, aus Sorge, ihr Kind könne dadurch Nachteile in der Schule bekommen.
Umgekehrt kann es sein, dass bei behandlungsbedürftigen Auffälligkeiten in der Schule die Lehrperson, also Sie, diejenige sind, die
die Eltern informiert und möglicherweise überhaupt den ersten
Schritt zur Diagnostik und Behandlung einleitet. Wichtig ist daher im Rahmen einer multimodalen Behandlung in jedem Fall,
durch umfangreiche Information und Beratung von Lehrern und
Eltern den Boden für ein besseres Verständnis des ADS-Kindes
zu bereiten.

Interessant ist in diesem Zusammenhang, was Döpfner et al.
(2000) in ihrer Kölner Studie herausfanden: Dass nämlich bereits
im Verlauf der Aufklärungs- und Beratungsphase im Rahmen
einer multimodalen Behandlung eine Verminderung der ADS-
Symptomatik festgestellt werden konnte. Daraus lässt sich schlie-
ßen, dass betroffene Kinder und Jugendlichen allein schon ent-
lastet sind und weniger auffällig agieren, wenn sie spüren, dass
ihnen Verständnis für ihre Problematik entgegengebracht wird.

5.1.2   Eltern- und familienzentrierte Verfahren

Eltern- und familienzentrierte Verfahren haben zum Ziel, durch
Veränderung der Eltern-Kind-Interaktionen zu einer Verminderung problematischer Verhaltensweisen in der Familie beizutra-
gen. Voraussetzung ist allerdings die Kooperationsbereitschaft

mindestens eines Elternteils. Ein möglicher Baustein im Rahmen einer multimodalen Therapie besteht in einem *Elterntraining*: Hier soll durch Aufklärung, Vermittlung von Informationen über das Störungsbild und Anleitung zum Umgang mit den Schwierigkeiten der betroffenen Kinder eine Entlastung in der Familie und bei den Eltern erzielt werden. Als hilfreich erweist sich hier häufig auch schon allein die Tatsache, dass durch den Austausch oder die Erkenntnis, dass andere Familien mit ganz ähnlichen Schwierigkeiten kämpfen, eine Entkrampfung der Familiensituation stattfindet.

Ein weiterer wichtiger Baustein bei den Elterntrainings besteht darin, Eltern nachvollziehbar zu machen, warum sich ihr Kind so verhalten muss, was eine wesentliche Grundlage für Einstellungs- und Verhaltensänderungen der Eltern im erzieherischen Kontext liefert.

Darüber hinaus erlernen die Eltern (vor allem der selbst von ADS betroffene Elternteil) einen Erziehungsstil, der auf Basis einer liebevollen Annahme des Kindes direktiv, konsequent und für das Kind vorhersagbar ist. Dazu kann es hilfreich sein, Eltern in Verfahren einzuweisen, wie Sie sie in diesem Buch im Zusammenhang mit Methoden der Verhaltensmodifikation in der Schule kennen gelernt haben.

Das Elterntraining sollte je nach Entwicklungsstufe des Kindes unterschiedlich konzipiert werden, da die Erziehungshilfen dem Entwicklungsstand des Kindes angepasst sein müssen, um wirksam zu sein. Typische Programmelemente mit etwa 20 wöchentlichen Treffen sehen wie folgt aus:

- *Vorstellungsrunde* mit Beschreibung der Symptomatik in den Familien (um zu lernen, dass es sich nicht um einzigartige Symptome handelt, die nur in der eigenen Familie auftauchen).
- *Information* über ADS, seine Kern- und Begleitsymptome, Entwicklungsverlauf, vermutete Ursachen und Behandlungsmöglichkeiten. Wichtig ist hier – neben einem allgemeinen Verständnis für die Symptomatik –, den Eltern die Auswirkungen von ADS auf Motorik, Lernen, Denken, Leistung, Emotionen, Sozialverhalten und Beziehungen zu verdeutlichen und sie zu befähigen, eine realistischere Einschätzung zu erreichen, was

sie von ihrem Kind auf seinem Entwicklungsniveau erwarten
können.

- *Situationsanalysen* schwieriger Situationen zu Hause (u. a.
mittels Rollenspiel) und Erarbeitung konkreter Erziehungs-,
Kommunikations- und Handlungsstrategien (z. B. für Essens-
situationen, gemeinsame Freizeitaktivitäten, zum Umgang
mit Geschwisterrivalität, Regeln und Pflichten, Sanktionen,
zur Gestaltung der Hausaufgabensituation, Aufräumen, Ein-
schlafschwierigkeiten, Kanalisieren von motorischer Unruhe,
Partnerschaftsproblemen aufgrund der Belastung durch die
Symptomatik).

Darüber hinaus können im Verlauf der Elterntrainings individuelle Einzelberatungen (häufig auch zeitnahe Kriseninterventi-
onen) nötig sein.

Familientherapien zielen insbesondere darauf ab, Kommunika-
tionsstörungen innerhalb der Familie abzubauen sowie die Bezie-
hungsstruktur innerhalb der Familie zu verbessern. Das Verhalten
der Kinder mit ADS belastet nicht nur das Kind selbst, sondern
auch seine Eltern und Geschwister. Es kann daher wichtig sein,
über eine Einzeltherapie mit dem Kind und ein Elterntraining zur
Vermittlung effektiver Erziehungsmethoden hinaus das besondere Beziehungsgefüge einer Familie zu behandeln. Wie jüngere
Studien zeigen, haben sowohl verhaltenstherapeutisch orientierte
als auch systemische Familientherapien einen positiven Effekt auf
die Reduzierung der Kernsymptomatik (Saile u. Trosbach 2001;
Saile u. Forse 2002).

5.1.3   Interventionen im Kindergarten oder in der Schule

Über die Information und Beratung der Erzieherinnen und Lehrkräfte hinaus zielen die zumeist verhaltenstherapeutisch orientierten Interventionen im Kindergarten oder in der Schule auf
die Verminderung der außengerichteten, insbesondere der hyperkinetischen und aggressiven Symptomatik. Einsatz finden dabei
besonders die dargestellten Techniken der Verhaltensmodifikati-

on (siehe Kap. 4.5). Dabei haben sich die auf den grundlegenden Verstärkerprinzipien aufbauenden Verfahren (Tokensysteme, Response-Cost-Verfahren) speziell für jüngere Kinder bewährt, während bei älteren mit kognitiven Verfahren meist eine größere Akzeptanz erreicht wird, aber auch Selbstmanagement-Interventionen (mit Selbstbeobachtung, Selbstbeurteilung und Selbstverstärkung) gute Effekte zeigen.

Darüber hinaus kann eine Intervention darin bestehen, die Kinder in bestimmten Schultypen zu platzieren. Dies sollte bei Schulkindern in enger Zusammenarbeit von Schule, Schulbehörden und den Eltern entschieden werden. Gewählt werden sollte der Schultypus, der der grundlegenden schulischen Leistungsfähigkeit des Kindes entspricht. Dabei ist grundsätzlich davon auszugehen, dass eine Sonderbeschulung nicht notwendig ist.

Die Zusammenarbeit mit Ihnen als Lehrerin oder Lehrer ist essentiell vor allem auch deshalb, weil die Kinder oder Jugendlichen viele Stunden in der Woche in der Schule sind und genau dort das anwenden sollen, was sie in der Einzeltherapie an Strategien eingeübt haben. Hierzu sind nicht selten Rücksprachen zwischen Therapeut und Lehrkraft sowie individuelle Anpassungen einer Strategie an die jeweilige schulische Situation, manchmal auch zusätzlich Absprachen über zusätzliche Fördermaßnahmen bei Vorliegen einer Komorbidität (Teilleistungsschwächen, Angst, Depression, Störung des Sozialverhaltens) nötig.

5.1.4 Selbstinstruktions- und Selbstmanagementstrategien

Ein wesentliches Modul im Rahmen der multimodalen Behandlung bei ADS stellt die Einzel- oder Gruppenbehandlung der betroffenen Kinder oder Jugendlichen selbst dar. Hier haben sich insbesondere kognitive Verfahren bewährt, für die gut ausgearbeitete Therapieprogramme vorliegen.

Im Rahmen eines *Selbstinstruktionstrainings* geht es um den Aufbau von reflexivem Arbeitsverhalten (Meichenbaum u. Goodman 1971; Douglas 1975). Das Kind lernt, die Aufmerksamkeit anhaltender zu zentrieren und seinen impulsiven Denk- und

Handlungsstil besser zu kontrollieren, indem es handlungsanlei-
tend zu sich selbst spricht. Der Therapeut dient dabei als Modell, indem er laut denkt, wie man mit Schwierigkeiten umgehen
kann, nämlich indem man
• die Schwierigkeiten zuerst einmal erkennt,
• verschiedene Lösungsmöglichkeiten überlegt und abwägt,
• abschätzt, ob die Lösungsmöglichkeiten angemessen sind,
• die Richtigkeit der Lösung kontrolliert und
• sich schließlich selbst für seinen Erfolg bestätigt.

Das Kind lernt damit also,
• sich bei Problemkonfrontationen verbal zu stoppen und
• reflektierte Handlungspläne zu entwickeln.

Mit Hilfe von Selbstinstruktionskarten (z. B. »Signalkarten« wie
bei Döpfner et al. 1997; Lauth u. Schlottke 1995; siehe auch Kap.
4.5, Abb. 7) werden die einzelnen Problemlöseschritte eingeübt.
Schließlich werden die Eltern in die Behandlung integriert und
dazu angeleitet, das Selbstinstruktionstraining zu Hause fortzu-
setzen (vor allem in der Hausaufgabensituation).
    Allerdings zeigten die Ergebnisse in einigen Studien nur einen
begrenzten Transfer von erlernten Strategien und Verhaltensänderungen von der Trainingssituation auf das natürliche soziale
Umfeld des Kindes. Der Transfer muss daher durch enge Kooperation des Helfersystems (Elternhaus – Schule – Therapeut)
sichergestellt werden.
    Selbstmanagement-Verfahren lassen sich kennzeichnen als Anlei-
tung zu eigenständiger Verhaltensänderung bei älteren Kindern
und Jugendlichen. Das Kind oder der Jugendliche wird angeleitet,
• in seiner natürlichen Umgebung auf Verhaltensprobleme zu
  achten und sie zu registrieren,
• auf bestimmte Regeln zu achten und dadurch in kritischen sozialen oder Leistungssituationen angemessenes Verhalten zu
  zeigen sowie
• sich selbst für eine erfolgreiche Situationsbewältigung positiv
  zu verstärken (vgl. Abb. 8; Döpfner et al. 1998).

Die Wirksamkeit dieser Methode (Selbstbeobachtung und Selbstverstärkung) ist durch Studien gut belegt.

5.1.5   Pharmakotherapeutische Behandlung

Niemand wird ernsthaft behaupten, dass Psychopharmaka und
vor allem Stimulanzien allein ausreichen, die vielfältigen Probleme von ADS-Kindern zu bewältigen. Auch weil von vielen
Eltern eine medikamentöse Behandlung ihres Kindes abgelehnt
oder doch sehr kritisch gesehen wird, ist es geboten, sich mit deren Wirksamkeit, Durchführbarkeit und Akzeptanz auseinander-
zusetzen.

Aus unzähligen Studien ist gut belegt, dass Stimulanzien und
vor allem Methylphenidat (bekannt unter dem Handelsnamen
Ritalin®) bei hyperaktiven Kindern eine weitgehende Normalisie-
rung ihres Verhaltens bewirken und sie im Unterricht nicht mehr
ohne weiteres als solche auszumachen sind. Es werden nicht nur
störendes Verhalten, die mangelnde Daueraufmerksamkeit – also
wichtige Voraussetzungen für Schulleistungen – verbessert, sondern auch Schulleistungen selbst sowie das Lernen insgesamt. Zu
Hause treten Hausaufgabenprobleme deutlich seltener auf. Auch
entsprechen die Selbsteinschätzungen der Kinder eher ihrem aktuellen Leistungsniveau und sie zeichnen sich insgesamt durch
ein positiveres Selbstbild aus (Hinshaw u. McHale 1991; Rapport
u. Kelly 1993; im Überblick Swanson et al. 1993).

Auch außerhalb der Schule kann die Medikation deutliche
Veränderungen bewirken, etwa durch einen Rückgang oppositio-
neller Verhaltensweisen gegenüber Erwachsenen. Im Kontakt mit
Gleichaltrigen kann sich die soziale Akzeptanz des Kindes verbessern (Schachar u. Tannock 1993; Spencer et al. 1996).

Die Sorge vor Nebenwirkungen ist in der Regel, also bei sorg-
fältiger Dosierung und fachärztlicher Überwachung, unbegründet. Auch gibt es keine Hinweise, dass sich durch die Einnahme
von Psychostimulanzien eine körperliche Abhängigkeit entwickeln kann und durch die Therapie das Risiko eines späteren
Medikamentenmissbrauchs oder Drogenkonsums erhöht (vgl.

Barkley 1998; Greenhill et al. 1999; Huss et al. 2000; Wilens et al. 2003).

Um eine medikamentöse Behandlung durchzuführen, ist es allerdings erforderlich, Eltern und auch Sie als Lehrperson sachgerecht über die Behandlung zu informieren. Nur so kann gewährleistet werden, dass der Arzt zur optimalen Dosiseinstellung Rückmeldung über Wirkung und Verhaltensänderungen beim Kind sowie über eventuelle Nebenwirkungen erhält. Hilfreich ist hier zum Beispiel ein Fragebogen zur Bewertung einer medikamentösen Therapie, wie Sie ihn auf unserer CD-Rom (Altherr et al. 2006) finden.

Durch Medikation allein sind allerdings keineswegs alle Probleme von ADS-Kindern zu lösen. Eine medikamentöse Behandlung ersetzt nämlich nicht:

- eine Anleitung zum systematischen Vorgehen bei der Aufgabenbearbeitung in der Schule und bei den Hausaufgaben,
- das Einüben von Selbstinstruktionen,
- einen freundlichen, gelassenen, aber direktiven Erziehungsstil von Eltern und Lehrern,
- das Bewältigen von Schwierigkeiten mit Übergängen und Routinen.

Psychostimulanzien sind also weder Teufelszeug noch Wundermittel. Vielmehr lassen sich durch die medikamentöse Therapie, mit der die Wahrnehmungsfunktionen im weitesten Sinne normalisiert werden, die Nachteile, die das ADS-Kind gegenüber anderen Kindern hat, ausgleichen und es kann beginnen, unter den gleichen physiologischen Voraussetzungen wie alle anderen auch, Verhaltensstrategien, soziale und andere Lernprozesse zu erlernen.

Vor allem dann, wenn relativ spät mit der Behandlung begonnen wurde, können sich eingefahrene Verhaltensmuster in der Schule, Familie oder am Arbeitsplatz noch lange störend auswirken und müssen oft zusätzlich psychotherapeutisch behandelt werden. Bei entsprechender Indikation spricht dies für einen möglichst frühen Einsatz der Medikation.

Es soll hier nicht einer undifferenzierten, sozusagen automatischen Behandlung durch Psychopharmaka das Wort geredet werden. Eine medikamentöse Behandlung bedarf immer einer sorgfältigen Diagnose unter Abwägung aller sonstiger Alternativen. Bei Vorliegen einer schwerwiegenden Problematik, wenn Kind, Eltern und Lehrer erheblich unter den ADS-bedingten Problemen leiden, wenn die Schulsituation eskaliert und schwer beherrschbar ist, stellt die medikamentöse Therapie jedoch bei vielen Kindern die erste und oft einzige Möglichkeit dar, mit ihnen überhaupt wieder in Kontakt zu kommen und die Bereitschaft zu wecken, bei einem psychologischen Trainingsprogramm überhaupt mitzumachen.

Sie als Lehrerin oder Lehrer eines ADS-Kindes können hier unter Umständen eine wichtige Mediatorenrolle übernehmen, und zwar sowohl bei der Entscheidung für diese Art der Behandlung wie auch dann, wenn die Behandlung durchgeführt wird. Denn die Dosierung der Medikamente muss individuell bestimmt werden und gelingt um so besser, wenn die Eltern, aber auch die Lehrkräfte und Erzieher differenzierte und genaue Rückmeldungen zur Wirkungsweise und den beobachteten Verhaltensänderungen geben können.

Häufig gestellte Fragen und die Antworten in der Zusammenfassung:

1. *Sollen Psychostimulanzien nur im äußersten Notfall eingesetzt werden?* Bei gegebener Indikation ist die Unterlassung ein Kunstfehler, weil Betroffenen damit eine sehr wirksame Therapie vorenthalten wird.
2. *Machen Stimulanzien Kinder süchtig?* Bisher ist kein einziger Fall einer Abhängigkeit in der Fachliteratur bekannt, auch wenn dies in Fernsehsendungen oft behauptet wird.
3. *Fördert Stimulanzientherapie die Neigung zu späterem Drogenkonsum?* Das Gegenteil ist richtig, wie sorgfältige Studien gezeigt haben.
4. *Verursachen Stimulanzien eine Wachstumshemmung?* Bei richtiger Dosierung (unter 1 mg pro kg Körpergewicht) ist dies nicht bekannt und sie war in anderen Fällen bisher bei Absetzen der Medikation immer reversibel.

5. *Kann Ritalin® in hoher Dosierung ADS heilen?* Hierzu liegt kein gesicherter Nachweis vor. Diese Behauptung ist auch generell fraglich, da bei hoher Dosierung auch die Nebenwirkungsrate unvertretbar hoch wäre.

6. *Wirken Stimulanzien nach der Pubertät nicht mehr?* Nein, die Wirkung ist auch bei älteren Jugendlichen und bei Erwachsenen nachgewiesen.

7. *Ist eine Stimulanzientherapie lebenslang notwendig?* Nein, die durchschnittliche Behandlungsdauer beträgt ein bis drei Jahre. Der richtige Zeitpunkt lässt sich durch kontrollierte Absetzversuche ermitteln.

8. *Wirken Stimulanzien nur bei Hirnschädigung?* Nein, sie wirken bei Kindern mit ADS, und zwar unabhängig davon, ob eine Hirnschädigung vorliegt oder nicht.

9. *Besteht unter Stimulanzien ein erhöhtes Unfallrisiko?* Das Gegenteil ist richtig, wie Studien zeigen.

10. *Sind Psychostimulanzien gefährliche Medikamente und daher abzulehnen?* Stimulanzien sind die am besten untersuchten Medikamente in der Kinderpsychiatrie. Die Behandlung ist sicher, erfordert aber einen hohen Aufwand und die Mitarbeit von Eltern und Lehrern.

5.2 Behandlungsmöglichkeiten für Begleit- und Sekundärsymptome bei ADS

Da die Aufmerksamkeitsdefizitstörung auch zu weiteren Störungen führen kann und oft auch einhergeht mit einer Reihe anderer Auffälligkeiten, sollte eine multimodale Therapie auch darauf Bezug nehmen. So sollte etwa bei sozialen Kompetenzdefiziten und aggressiven Verhaltensstörungen an ein *soziales Kompetenztraining* (z. B. Neuhaus 1996, mod. nach Copeland u. Walker 1995) gedacht werden. Die Kinder lernen hier

- Ärger und Frustration zu kontrollieren (Ziel: »Ich will auf meine Art mit Ärger und Frust umgehen, ohne mich und andere zu verletzen!«),

- einer Versuchung zu widerstehen (Ziel: »Ich will keine Dinge tun, von denen ich weiß, dass ich sie lassen sollte!«),
- eine Autorität zu akzeptieren (Ziel: »Ich werde anderen erlauben, mir zu sagen, was ich tun soll, wenn es eigentlich zu meinem Besten ist!«),
- ihre innere Freiheit und Unabhängigkeit sicherzustellen (Ziel: »Ich werde tun, was ich wirklich als richtig betrachte, egal, was die anderen dazu sagen!«),
- etwas nicht zu beachten, etwas nicht persönlich zu nehmen (Ziel: »Ich will Botschaften sachlich diskutieren, nicht einfach wie wild dagegenhalten!«) und
- zu wissen, dass sie anders sind, aber dennoch in Ordnung (Ziel: »Ich bin stolz, dass niemand genau so ist, wie ich es bin!«).

Bei älteren Kindern und Jugendlichen kann es bei Problemen, die aufgrund eines geringen Selbstwertgefühls und/oder bei Problemen mit Gleichaltrigen auftreten, außerdem sinnvoll sein, *spezielle psychotherapeutische Einzel- und/oder Gruppenangebote* (auf tiefenpsychologischer, nondirektiver oder verhaltenstherapeutischer Basis) anzubieten.

Des Weiteren sind bei gleichzeitigem Vorliegen von Teilleistungsschwächen zusätzliche *Übungsbehandlungen* zur Verminderung von umschriebenen Entwicklungsstörungen sinnvoll. Hier wird beispielsweise

- an der Daueraufmerksamkeitsspanne,
- am visuellen und/oder auditiven Kurzzeitspeicher,
- an der graphomotorischen Umsetzungsverflüssigung gearbeitet.

5.3 Andere Behandlungsarten

Außerdem können andere Behandlungsarten (sensumotorische Integration, Ergotherapie, Entspannungsverfahren, Diätvorschriften) eine sinnvolle und wirksame Ergänzung darstellen.

Pädagogisch-psychologische Förderprogramme bei Teilleistungstörungen wie etwa Lese-Rechtschreibtraining, Dyskalkulietherapie, Logopädie, Trainingsprogramm für fehlhörige Kinder nach Cramer

Ein besonderes Problem von ADS-Kindern und -Jugendlichen ist, dass sie ihre häufig recht guten Intelligenzressourcen durch die mangelhafte Strukturiertheit (methodisch und didaktisch) im Schulumfeld nicht in schriftliche Leistungen umsetzen können und für die Automatisierung bestimmter Fertigkeiten deutlich mehr Lerndurchgänge (ca. 8 bis 12) benötigen als ihre Klassenkameraden. Zudem können ADS-Kinder nicht eigenverantwortlich intrinsisch motiviert lernen, wie dies im heutigen Schulsystem recht früh vorausgesetzt wird.

Hier können spezielle Trainingsprogramme hilfreich sein, die je nach Teilleistungsstörung und daraus resultierender Schwäche vertiefend mit entsprechenden Manualen arbeiten, eventuell auch mit computergestützten Lernprogrammen zu Hause und entsprechenden Hausaufgaben, die in die Therapiestunde mitgebracht werden.

Heilpädagogische Behandlungen zielen darauf ab, Schwierigkeiten im psycho-sozialen Bereich abzubauen. So kann es für Kinder und Jugendliche mit ADS hilfreich sein, Selbstvertrauen aufzubauen, Selbstakzeptanz zu stärken, die eigenen Gefühle besser differenzieren zu lernen und so zu einem besseren seelischen Gleichgewicht zu gelangen (vgl. z. B. Krowatschek 2000).

Die *Wirksamkeit von Diäten* hat sich in den meisten Studien nicht nachweisen lassen. Wegen der methodischen Schwächen dieser Studien lässt sich damit aber nicht grundsätzlich ausschließen, dass eine Diät im Einzelfall hilfreich sein kann. Allerdings ist zu berücksichtigen, dass die Durchführung einer Diät umständlich, aufwendig, kostspielig und sozial einschneidend ist. Zudem besteht das Risiko einer Fehlernährung. Als Regelbehandlung kann eine derartige Diät daher nicht empfohlen werden.

Auch *Entspannungsverfahren* (Autogenes Training, Progressive Muskelentspannung, Biofeedback, Airtramp). Entspannungsverfahren können im Einzelfall hilfreich sein. Einige ADS-Kinder profitieren aufgrund ihrer ausgeprägten Phantasie sehr von Phantasiegeschichten mit integrierten Entspannungsinstruktionen. Andere können damit nichts anfangen, weil sie entweder motorisch zu unruhig sind (und sich dadurch ständig selbst beim Zuhören stören) oder ihre Daueraufmerksamkeitsspanne nicht ausreicht, um dem roten Faden zu folgen. Ihre Reaktion darauf ist Langeweile und Störverhalten. Allerdings gilt auch hier, dass eine Generalisierung der Effekte auf das Verhalten in der Familie oder in der Schule in Wirksamkeitsstudien bislang nicht schlüssig nachgewiesen werden konnte. Daher können Entspannungsverfahren allenfalls als ergänzende Intervention empfohlen werden.

Obwohl *Mototherapie, Psychomotorik, Ergotherapie, Sensorische Integration* häufig eingesetzt werden, liegen bislang keine kontrollierten Studien vor. Möglicherweise sind diese Interventionen zur Verminderung von komorbiden Auffälligkeiten in der Körperkoordination oder der Wahrnehmungsfähigkeit hilfreich. Nach dem gegenwärtigen Kenntnisstand können diese Interventionen als ergänzende Maßnahmen empfohlen werden, wenn ein Kind unter erheblichen Bewegungsproblemen leidet.

6   Zu guter Letzt

Unsere Überlegung bei der Entwicklung dieser Handanweisung war es, Ihnen als Lehrerinnen und Lehrer Informationen und praktische Anwendungsmöglichkeiten für den Schulalltag an die Hand zu liefern, mit denen Sie für die Herausforderungen im Umgang mit ADS-Kindern besser gewappnet sind. Natürlich beantworten die Ausführungen in diesem Buch nicht alle Fragen und im konkreten Alltag sind Sie letztlich doch auf sich gestellt. Mit der folgenden Liste von Adressen und Anlaufstellen hoffen wir aber, dass Sie einige Hilfsangebote auch in Ihrer Umgebung finden werden.

Grundsätzlich kennen wir aus unseren Fortbildungsschulungen zwei Einwände gegen die von uns vorgeschlagenen Maßnahmen:

1. Das ist ja viel zu aufwändig, wie soll ich das hinkriegen bei 29 Kindern in der Schule und einem zunehmend enger werdenden Lehrplan?
2. Wie kann ich das gegenüber den anderen Kindern (und gegenüber deren Eltern) vertreten, dass ich ein (zwei) Kind(er) in meiner Klasse besonders behandele? Ist das nicht ungerecht gegenüber den anderen?

Die bisherigen Erfahrungen zeigen: Sie haben als Lehrerin oder Lehrer viele Möglichkeiten, wie Sie Ihren Unterricht gestalten können. Mitschüler sind oft gute Unterstützer bei der Anwendung Ihrer Methoden, wenn Sie ihnen erklärt haben, warum ein

ADS-Kind einen besonderen Umgang benötigt. Es liegt vieles in Ihrer Macht, die Situation dieser Kinder in der Schule zu erleichtern – und damit auch für sich selbst Erleichterung zu schaffen.

Manchmal – das muss der Ehrlichkeit halber am Schluss auch gesagt werden – hilft aber auch nur Humor und ein dickes Fell. Der folgende Ausspruch war das Trostmotto, das sich eine Ihrer Kolleginnen für diese Zeiten groß in der Klasse aufgehängt hatte: »Und die Stimme sprach zu mir: bleibe ruhig, es könnte schlimmer kommen! Und ich blieb ruhig, und es wurde schlimmer!«

In diesem Sinne wünschen wir Ihnen, dass Sie es schaffen, mithilfe unserer Handreichung Ihren Unterricht für sich selbst ruhiger angehen zu können. Wir verbinden dies natürlich mit der Hoffnung – und die Rückmeldungen aus unseren Kursen bestärken uns darin –, dass Sie Strategien und Wissen erworben haben, die in letzter Konsequenz zu einem besseren Unterricht für alle Beteiligten führen.

Adressen

Elterninitiativen und Selbsthilfegruppen für ADS in Deutschland, Luxemburg, der Schweiz und Österreich. Die betroffenen Eltern kennen sich oft am besten aus und bieten:
- Informationsveranstaltungen über ADS,
- Kurse, um Verständnis zu wecken für ADS-Kinder,
- Rat und Unterstützung bei schulischen Maßnahmen,
- weitere nützliche und bewährte Adressen.

Deutschland
ADS e.V. Elterninitiative zur Förderung von Kindern mit Aufmerksamkeitsdefizit-Syndrom mit/ohne Hyperaktivität
Postfach 1165, 73055 Ebersbach
Tel./Fax: 07163/2855
E-Mail: eugen-ade@z.zgs.de
Internet: www.ads-ev.de
Diese ADS-Homepage informiert über ADS-Themen, Literatur, Adressen von regionalen Elterngruppen, die im ADS e.V. als Zentralverband zusammengeschlossen sind. Dort finden sich mehr als 60 Regionaladressen.

Bundesverband Aufmerksamkeitsstörung/Hyperaktivität e.V.
Postfach 60, 91291 Forchheim
Tel./Fax: 09191/34874
E-Mail: BV-AH@t-online.de
Internet: www.bvah.de

vormals: Bundesverband der Elterninitiativen zur Förderung hyperaktiver Kinder e.V.
Veröffentlichungen für Mitglieder, jährlich zwei Mal erscheinen die Vereinszeitschrift und ein Jahrbuch.

Luxemburg

E H K: Elterninitiativ Hyperaktiv Kanner a.s.b.l.
B.P. 30 – L-5201 Sandweiler
Tel./Fax: 00352/355777
E-Mail: ehk@mum.lu

S C A P – Service de Consultation et d´Aide Psychomotrice
Val St. André, L-1128 Luxembourg
Tel.: 00352/26444824
Fax: 00352/26444848
E-Mail: scap@ediff.lu

Schweiz

ELPOS Suisse/Schweiz/Svizzera
Postfach, CH-6000 Luzern 15
Tel.: 041/3705101
E-Mail: zentralschweiz@elpos.ch
Zeitschrift: ELPOST
Dachverband der regionalen Elternvereine für Kinder und Jugendliche mit leichten psychoorganischen Funktionsstörungen.

Österreich

Verein ADAPT – Wien
Landstr. Hauptstr. 84, A-1030 Wien
Tel.: 0676/516 5687 (Mo-Fr 17.00 bis 19.00)
Email: verein_adapt@yahoo.com
Arbeitsgruppe zur Förderung von Personen mit ADHS und Teilleistungsschwächen, Aufmerksamkeitsdefizit-/Hyperaktivitätsstörungen.

Literatur

Altherr, P.; Everling, S.; Schröder, A.; Tittmann, E. (2006): ADS in der Schule (CD-Rom). Göttingen.

Anderson, J.; Williams, S.; McGee, R.; Silva, P. (1987): DSM-III disorders in preadolescent children. Archives of General Psychiatry 44: 69-76.

Armentano, M. E. (1995): Assessment, diagnosis, and treatment of the dually diagnosed adolescent. The Pediatric Clinics of North America 42: 479-490.

Aust-Claus, E.; Hammer, P.M. (1999). Das A-D-S-Buch: Aufmerksamkeits-Defizit-Syndrom; Neue Konzentrations-Hilfen für Zappelphilippe und Träumer. Ratingen-Lintorf.

Barkley, R. A. (1997): Behavioral inhibition, substained attention, and executive functions: Constructing a unifying theory of ADHD. Psychological Bulletin 121: 65-94.

Barkley, R. A. (1998). Attention-Deficit Hyperactivity Disorder: A Handbook for Diagnosis and Treatment, 2. Aufl. New York.

Baumgärtel, A.; Wolraich, M.; Dietrich, M. (1995): Comparison of diagnostic criteria for attention deficit disorder in a German elementary school sample. Journal of the American Academy of Child and Adolescent Psychiatry 34: 629-638.

Bird, H. R.; Camino, G.; Rubio-Stipec, M.; Gould, M. S.; Ribera, J.; Sesman, M.; Woodbury, M.; Huertas-Goldman, S.; Pagan, A.; Sanchez-Lancay, A.; Moxcoso, M. (1988): Estimates of the prevalence of childhood maladjustment in a community survey in Puerto Rico. Archives of General Psychiatry 45: 1120-1126.

Cohen, N. J.; Minde, K. (1983): The »hyperactive syndrome« in kindergarten children: Comparison of children with pervasive and situational symptoms. Journal of Child Psychology and Psychiatry and Allied Disciplines 24: 443-455.

Copeland, E. D.; Copps, S. C. (1995): Medications for Attention Disorders (ADHD/ADD) and Related Medical Problems. A Comprehensive Handbook. Florida.

Copeland, E.D.; Walker, R.A. (1995): Comprehensive ADHD/ADD Evaluation and Treatment Program for National Professional Consortium in Attention Deficit Disorders (NPC/ADD).

Deutsch, O. E. (Hg.) (1961): Mozart. Die Dokumente seines Lebens. Kassel.

Döpfner, M.; Lehmkuhl, G. (1998): Diagnostik-System für psychische Störungen im Kindes- und Jugendalter nach ICD-10 und DSM-IV (DISYPS-KJ). Bern.

Döpfner, M.; Lehmkuhl, G. (1998a): Die multimodale Therapie von Kindern mit hyperkinetischen Störungen: I. Indikation und medikamentöse Interventionen. Der Kinderarzt 29: 171-181.

Döpfner, M.; Lehmkuhl, G. (1998b): Die multimodale Therapie von Kindern mit hyperkinetischen Störungen: Teil II: Psychologische Interventionen. Der Kinderarzt 29: 331-335.

Döpfner, M. (2000): Hyperkinetische Störungen. In: Petermann, F. (Hg.), Lehrbuch der Klinischen Kinderpsychologie und -psychotherapie. Göttingen, S. 151-186.

Döpfner, M.; Frölich, J.; Lehmkuhl, G. (2000): Hyperkinetische Störungen. Leitfaden Kinder- und Jugendpsychotherapie. Göttingen.

Döpfner, M.; Schürmann, S.; Frölich, J. (1997): Therapieprogramm für Kinder mit hyperkinetischem und oppositionellem Problemverhalten (THOP). Weinheim.

Döpfner, M.; Schürmann, S.; Frölich, J. (1998): Therapieprogramm für Kinder mit hyperkinetischem und oppositionellem Problemverhalten (THOP), 2., korr. Aufl. Weinheim.

Döpfner, M.; Schürmann, S.; Fröhlich, J. (2002): Therapieprogramm für Kinder mit hyperkinetischen und oppositionellem Problemverhalten (THoe); 3., vollst. überarb. Auflage. Weinheim.

Douglas, V. (1975): Are drugs enough? To treat or train the hyperactive child. International Journal of Mental Health 4: 199-212.

Ernst, M.; Liebenhauer, L. L.; King, A. C.; Fitzgerald, G. A.; Cohen, R. M.; Zametkin, A. J. (1994): Reduced brain metabolism in hyperactive girls. Journal of the American Academy of Child and Adolescent Psychiatry 33: 858-868.

Goyette, C. H.; Conners, C. K.; Ulrich, R. F. (1978): Normative data on revised Conners Parent and Teacher Rating Scales. Journal of Abnormal Child Psychology 6: 221-236,

Greenhill, L. L. (1990): Attention-deficit disorder in children. In: Garfinkel, B.; Carlson, G.; Weller, E. (Hg.), Psychiatric Disorders in Children and Adolescents. Philadelphia.

Greenhill, L. L.; Halperin, J. M.; Abikoff, H. (1999): Stimulant medications. Journal of the American Academy of Child and Adolescent Psychiatry 38: 503-512.

Hinshaw, S. P.; McHale, J. P. (1991): Stimulant medication and the social interactions of hyperactive children. Effects and implications. In: Gilbert, D. G.; Conolly, J. J. (Hg.), Personality, social skills, and psychopathology: An individual differences approach. New York, S. 199-253.

Huss, M.; Schmidt-Schulz, A.; Hoffmann, K.; Vogel, R.; Lehmkuhl, U. (2000): Wenn ADS »erwachsen« wird – Langzeitverläufe von Kindern mit Aufmerksamkeitsdefizit-Syndrom (ADS): Macht Ritalin süchtig? In: Fitzner, T.; Stark, W. (Hg.), ADS – Verstehen – akzeptieren – helfen. Weinheim, S. 184-194.

Kashani, J. H.; Beck, N. C.; Hoeper, E. W.; Fallahi, C.; Corcoran, C. M.; McAllister, J. A.; Rosenberg, T. K.; Reid, J. C. (1978): Psychiatric disorders in a community sample of adolescents. American Journal of Psychiatry 144: 584-589.

Krowatschek, D. (2000): Überaktive Kinder im Unterricht. Dortmund.

Lauth, G. W.; Schlottke, P. F. (1995): Training mit aufmerksamkeitsgestörten Kindern. Weinheim.

Lehmkuhl, G.; Döpfner, M.; Plück, J.; Berner, W.; Fegert, J.; Huss, M.; Lenz, K.; Schmeck, K.; Lehmkuhl, U.; Poustka, F. (1998): Häufigkeit psychischer Auffälligkeiten und somatischer Beschwerden bei vier- bis zehnjährigen Kindern in Deutschland im Urteil der Eltern – ein Vergleich normorientierter und kriterienorientierter Modelle. Zeitschrift für Kinder- und Jugendpsychiatrie und Psychotherapie 26: 83-96.

Lou, H. C.; Henriksen, L.; Bruhn, P. (1984): Focal cerebral hypoperfusion in children with dysphasia and/or attention deficit disorder. Archives of Neurology 41: 825-829.

Meichenbaum, D. H.; Goodman, J. (1971): Training impulsive children to talk to themselves: A means of developing self-control. Journal of Abnormal Child Psychology 77: 115-129.

MTA Cooperative Group (1999): A 14-month randomised clinical trial of treatment strategies for attention-deficit/hyperactivity disorder. Archives of General Psychiatry 56: 1073-1086.

Neuhaus, C. (1996): Das hyperaktive Kind und seine Probleme. Ravensburg.

Offord, D. R.; Boyle, M. H.; Szatmari, P.; Rae-Grant, N. I.; Links, P. S.; Cadman, D T.; Byles, J. A.; Crawford, J. W.; Munroe Blum, H.; Byrne, C.; Thomas, H.; Woodward, C. A. (1987): Ontario Child Health Study

II. Six month prevalence of disorder and rates of service utilization. Archives of General Psychiatry 44: 832-836.

Rapport, M.D.; Kelly, K. L. (1993): Psychostimulant effects on learning and cognitive function. In: Matson, J. C. (Hg.), Handbook of hyperactivity in children. Needham Heights, MA, S. 97-136.

Saile, H.; Forse, I. (2002): Allgemeine und differentielle Effekte von behavioraler und systemischer Familientherapie bei Aufmerksamkeitsdefizit-/Hyperaktivitätsstörungen von Kindern. Zeitschrift für Klinische Psychologie, Psychiatrie und Psychotherapie 50: 281-299.

Saile, H.; Trosbach, J. (2001): Behaviorale und systemische Familientherapie bei Aufmerksamkeitsdefizit-/Hyperaktivitätsstörungen von Kindern: Unterschiede in der Einschätzung von Experten und im beobachtbaren Therapeutenverhalten. Zeitschrift für Klinische Psychologie, Psychiatrie und Psychotherapie 49: 33-48.

Satterfield, J. H.; Satterfield, B.; Shell, A. M. (1987): Therapeutic interventions to prevent delinquency in hyperactive boys. Journal of the American Academy of Child and Adolescent Psychiatry 26: 56-64.

Satterfield, J.H.; Satterfield, B.T.; Cantwell, D.P. (1981): Three-year multimodality treatment study of 100 hyperactive boys. Pediatrics 98: 650-655.

Schachar, R.; Tannock, R. (1993): Childhood hyperactivity and psychostimulants: a review of extended treatment studies. Journal of Child and Adolescent Psychopharmacology 3: 81-97.

Shen, Y.-C.; Wang, Y.-F.; Yang, X.-L. (1985): An epidemiological investigation of minimal brain dysfunction in six elementary schools in Beijing. Journal of Child Psychology and Psychiatry and Allied Disciplines 26: 777-787.

Spencer, T. J.; Biederman, J.; Harding, M.; O'Donnell, D.; Faraone, S. V.; Wilens, T. W. (1996): Growth deficits in ADHD children revisited: Evidence of disorder-associated growth delays? Journal of the American Academy of Child and Adolescent Psychiatry 35: 1460-1469.

Staatsinstitut für Schulpädagogik und Bildungsforschung München (Hg.) (2003): Aufmerksamkeitsgestörte, hyperaktive Kinder und Jugendliche im Unterricht, 5. Aufl. Donauwörth.

Steinhausen, H.-C. (1995). Hyperkinetische Störungen – eine klinische Einführung. In: Steinhausen, H.-C. (Hg.), Hyperkinetische Störungen im Kindes- und Jugendalter. Stuttgart, S. 11-33.

Swanson, J. M.; McBurnett, K.; Wigal, T.; Pfiffner, L. J. et al. (1993): Effects of stimulant medication on children with attention deficit disorder: A review of reviews. Exc. Child 60: 154-162.

Szatmari, P.; Offord, D. R.; Boyle, M. H. (1989): Ontario Child Health

Study: Prevalence of attention deficit disorder with hyperactivity. Journal of Child Psychology and Psychiatry and Allied Disciplines 30: 219-230.

Tannock,. R. (1998). Attention deficit hyperactivity disorder: Advances in cognitive, neurobiological, and genetic research. Journal of Child Psychology and Psychiatry 39: 65-99.

Trites, R. L.; Laprade, K. (1983): Evidence for an independent syndrome of hyperactivity. Journal of Child Psychology and Psychiatry and Allied Disciplines 24: 573-586.

Velez, C. N.; Johnson, J.; Cohen, P. (1989): A longitudinal analysis of selected risk factors for childhood psychopathology. Journal of American Academic Child and Adolescent Psychiatry 28: 861-864.

Wilens, T. E.; Farone, S. V.; Biedermann, J. et al. (2003): Does stimulant therapy of attention-deficit/hyperactivity disorder beget later substance abuse? A meta-analytic review of the literature. Pediatrics 11 (1): 179-185.

Zametkin, A. J.; Rapoport, J. L. (1987): Neurobiology of attention deficit disorder with hyperactivity: Where have we come in 50 years? Journal of the American Academy of Child and Adolescent Psychiatry 26: 676-686.

Zametkin, A. J.; Nordahl, T. E.; Groß, J.; King, A. C.; Semple, W. E.; Rumsey, J.; Hamberger, M. A.; Cohen, R. M. (1990): Cerebral glucose metabolism in adults with hyperactivity of childhood onset. New England Journal of Medicine 323: 1361-1366.

Zametkin, A. J.; Liebenauer, L. L.; Fitzgerald, G. A.; King, A. C.; Minkunas, D. V.; Herscovitch, P.; Yamada, E. M.; Cohen, R. M. (1993): Brain metabolism in teenagers with attention-deficit hyperactivity disorder. Archives of General Psychiatry 50: 333-340.